Carl Flesch für Kinder

Kinderbuch

Schnecke und Frosch sind
ge **Flesch** t

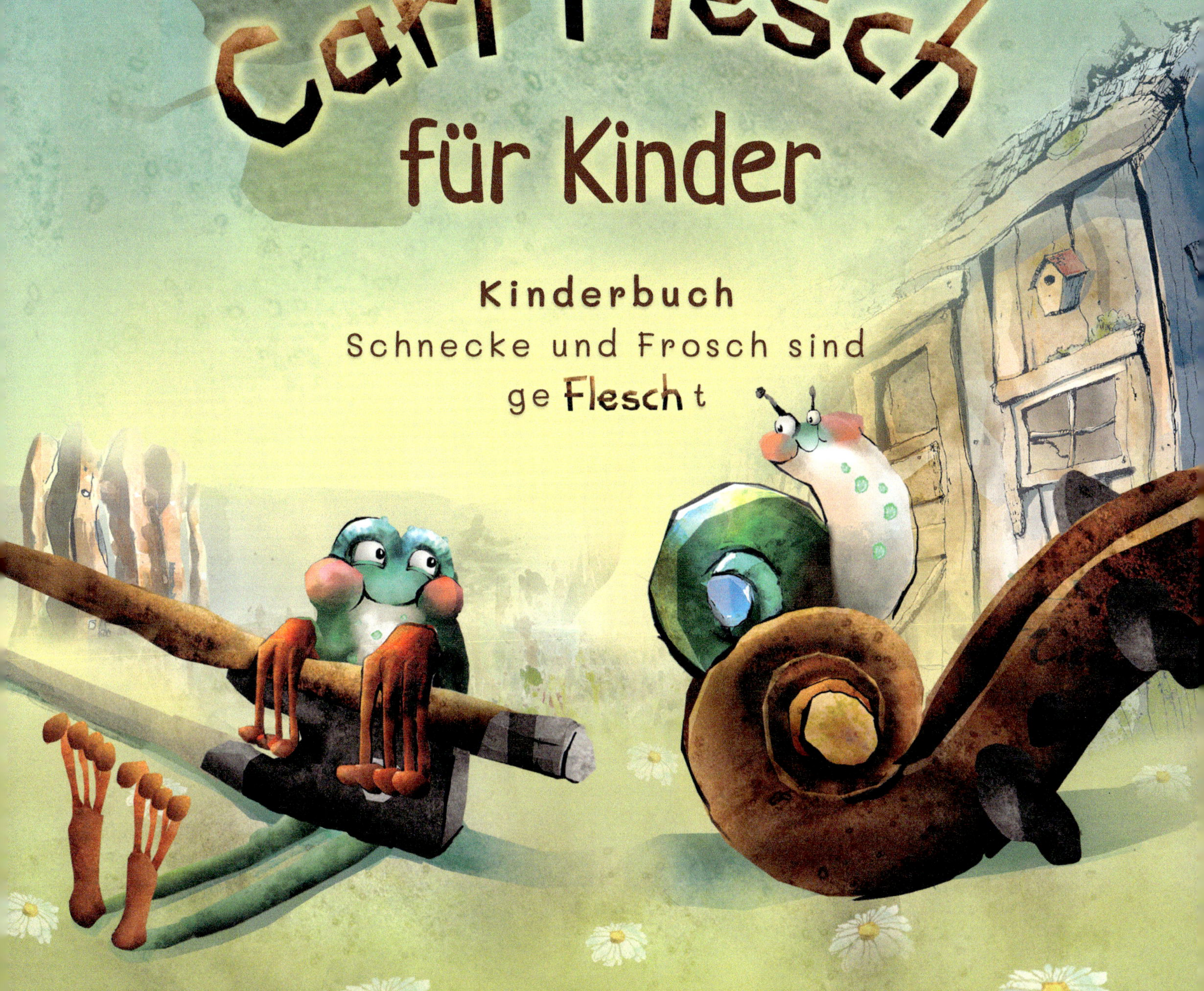

für
Lilianna, Emilian,
Pauline, Max und Antonia

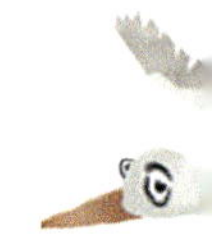

Aufgeregt sprang der kleine Frosch über die Gartenmauer. Er holte einmal tief Luft und hüpfte mit einem riesigen Satz über den Gartenteich. Schon war er fast an der alten Hütte angekommen, die da verwittert zwischen all den hohen Gräsern und dem rankenden Efeu stand.

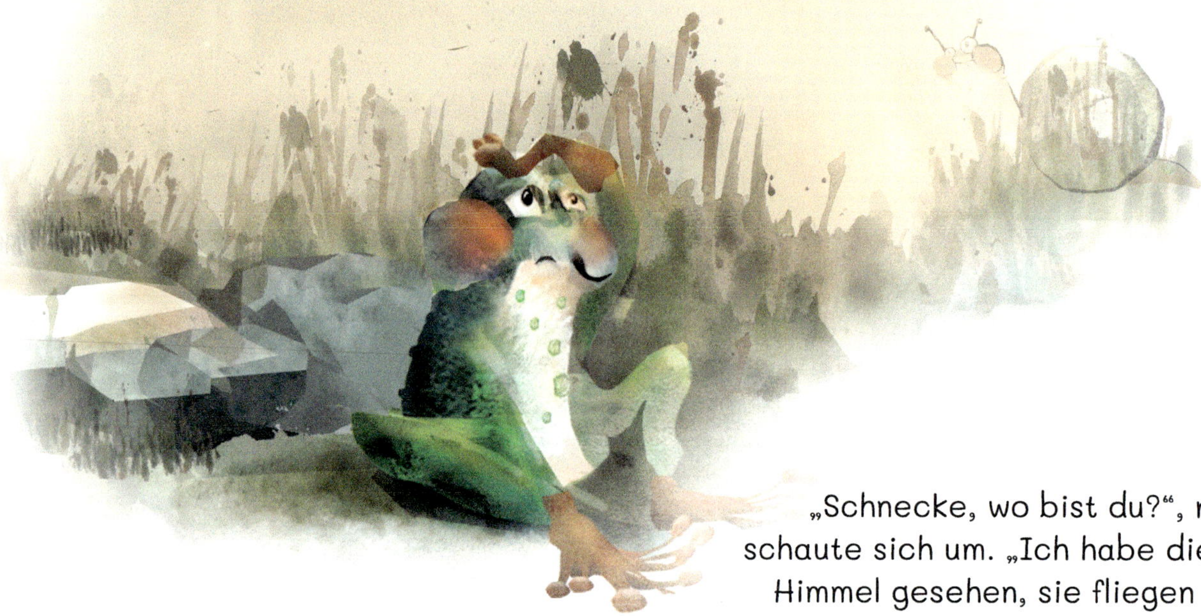

„Schnecke, wo bist du?“, rief er und schaute sich um. „Ich habe die Vögel am Himmel gesehen, sie fliegen davon, sie ziehen über die Berge in ferne Länder. Es wird Winter. Jetzt kann ich nicht mehr weit springen, hoch bis zum Himmel hüpfen und Purzelbäume schlagen, weil es einfach schon viel zu kalt ist!“, rief der kleine Frosch und wurde wehmütig.

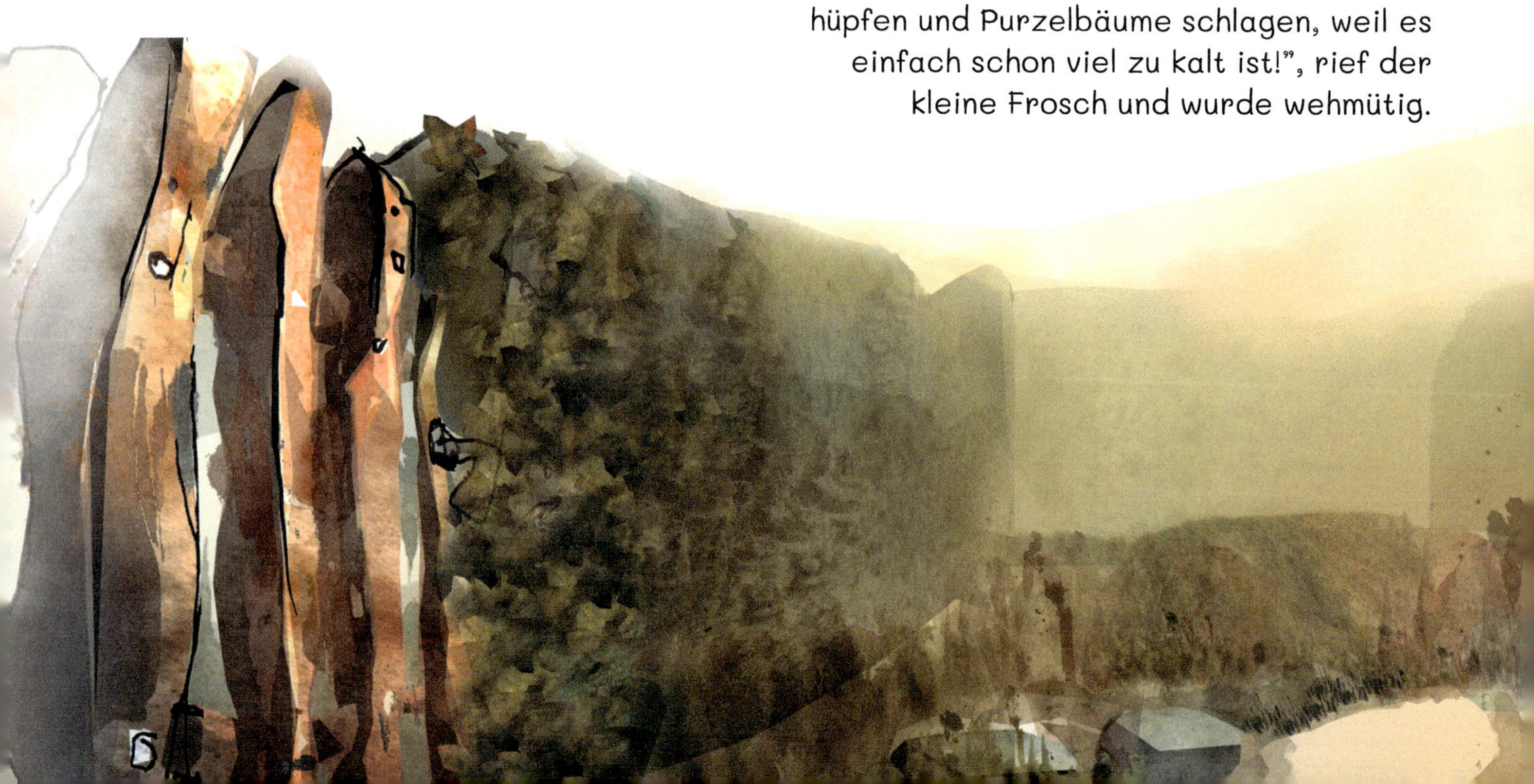

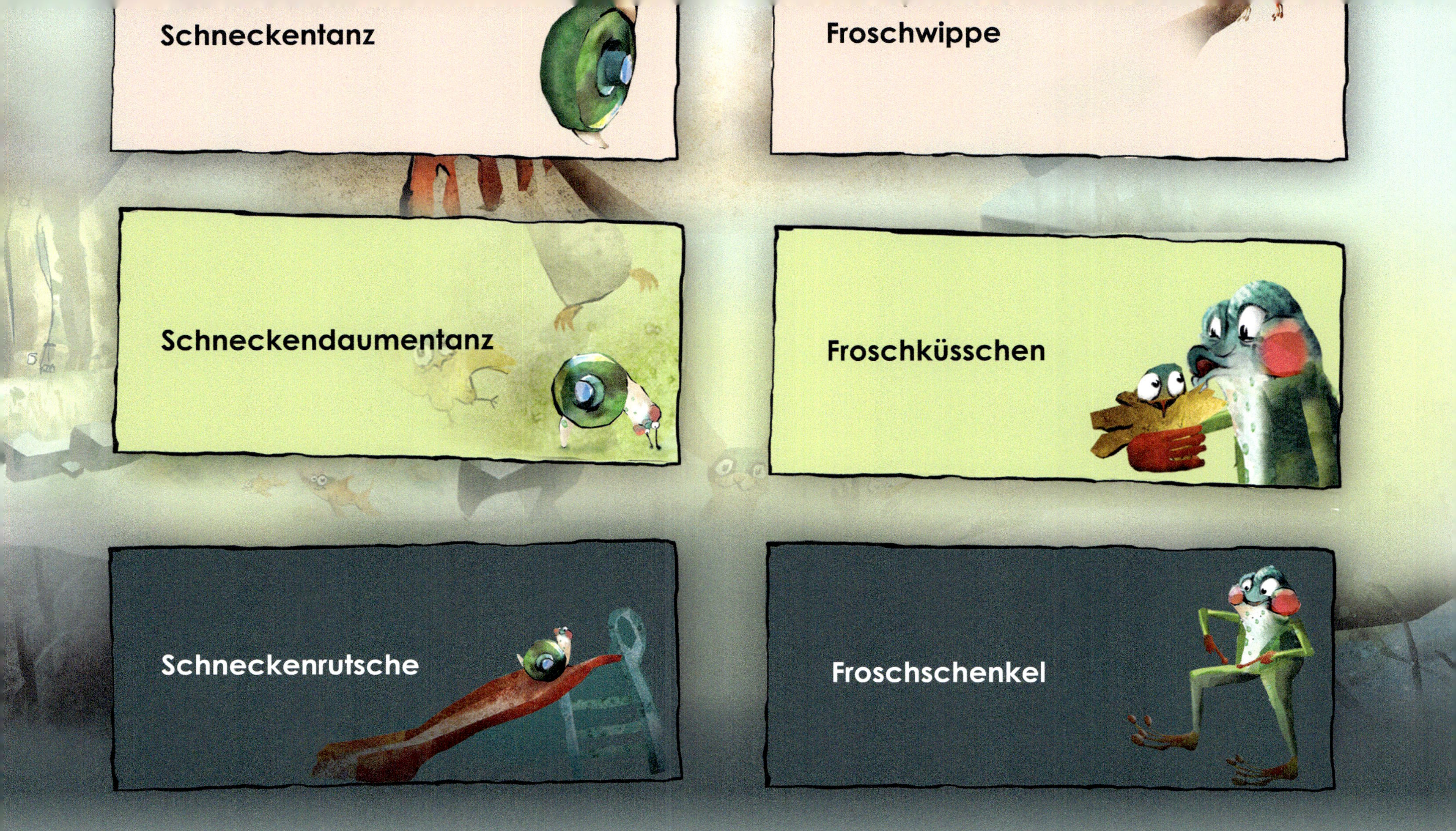

Carl Flesch für Kinder

Dein Üben mit Carl Flesch

Aufwärmen

Schneckenumarmung

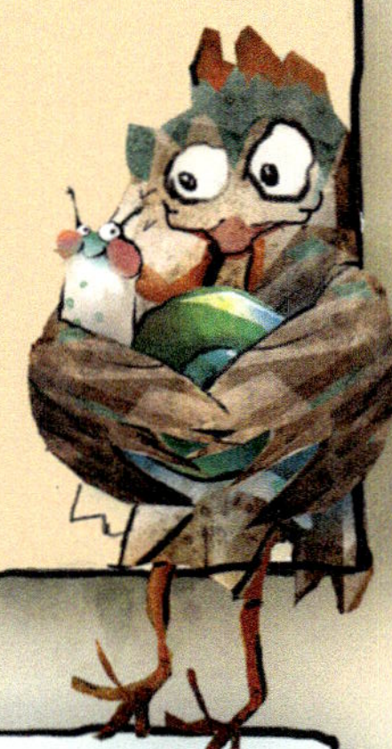

Froschleiter

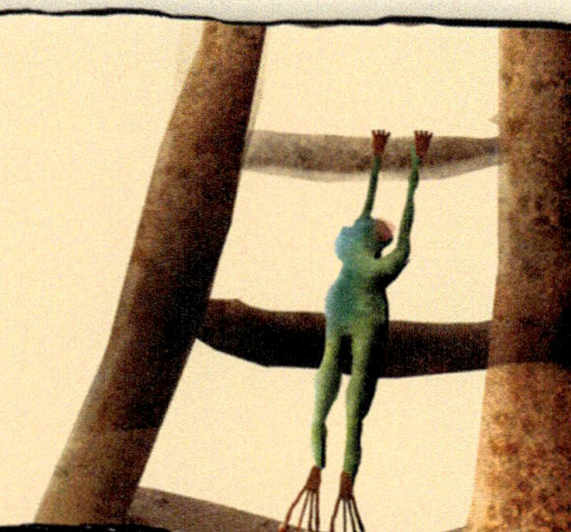

Schneckenpatsche

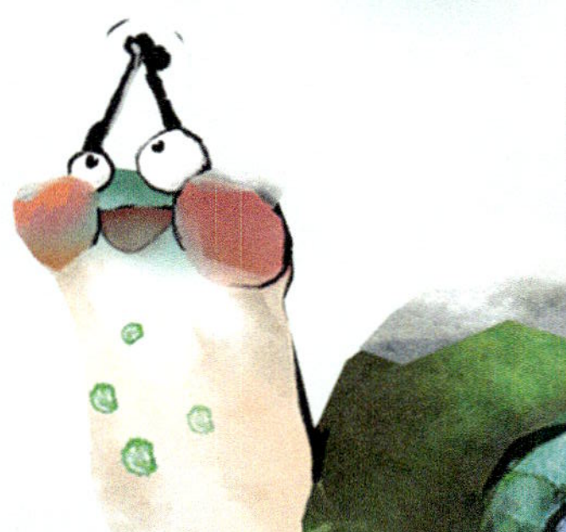

Froschknete

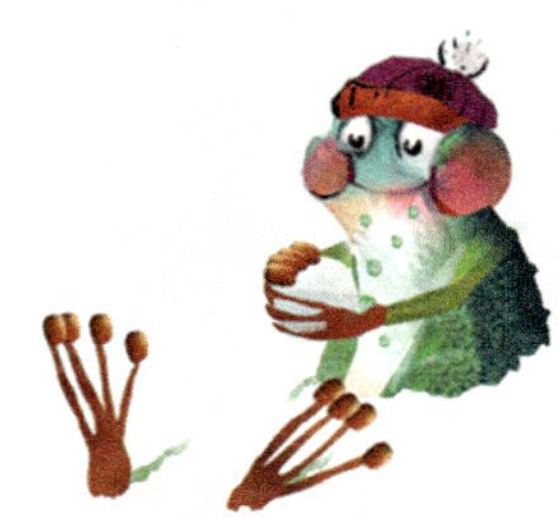

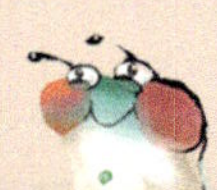

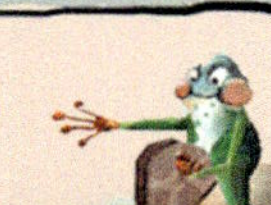

„Hier bin ich doch! Brrr, mir friert mein Bauch ein!", rief die Schnecke. Der Frosch sah seine Freundin in einer Ecke sitzen, dicht an die alte Holzwand der Hütte gekauert, versteckt in nassen Blättern und feuchtem Moos. „Ich möchte schnell rein in mein schönes, warmes Winterversteck", sagte die Schnecke. „Dort in der Hütte ist es so wunderbar. Komm doch einfach mit!" Der Frosch fand das Angebot sehr verlockend. Ohne lange nachzudenken sprang er zum offenen Fenster. „Halt, nimm mich mit!", rief die Schnecke. Sie kroch so schnell sie konnte auf den Rücken ihres Freundes und mit einem Satz waren sie im Inneren der Hütte verschwunden.

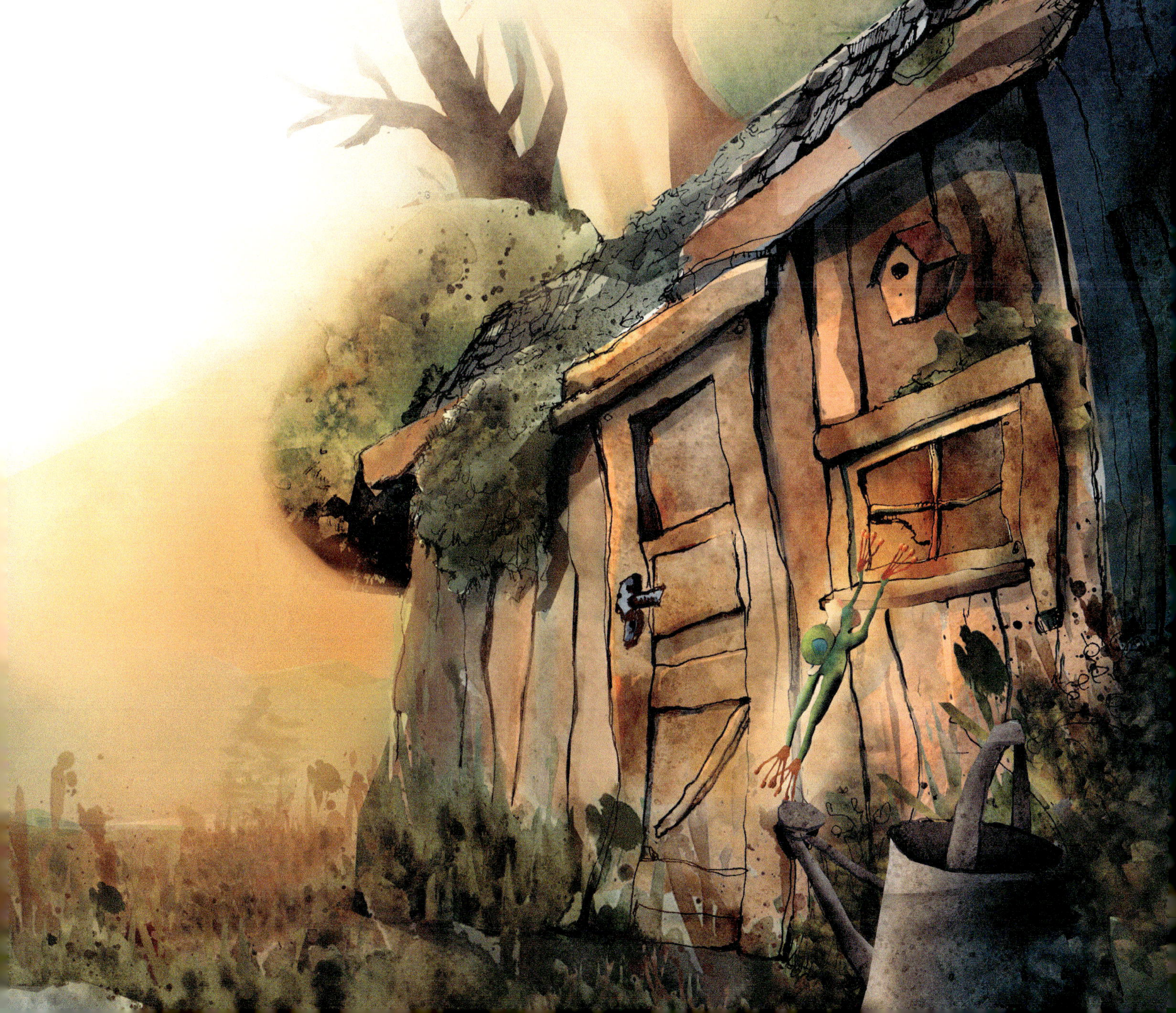

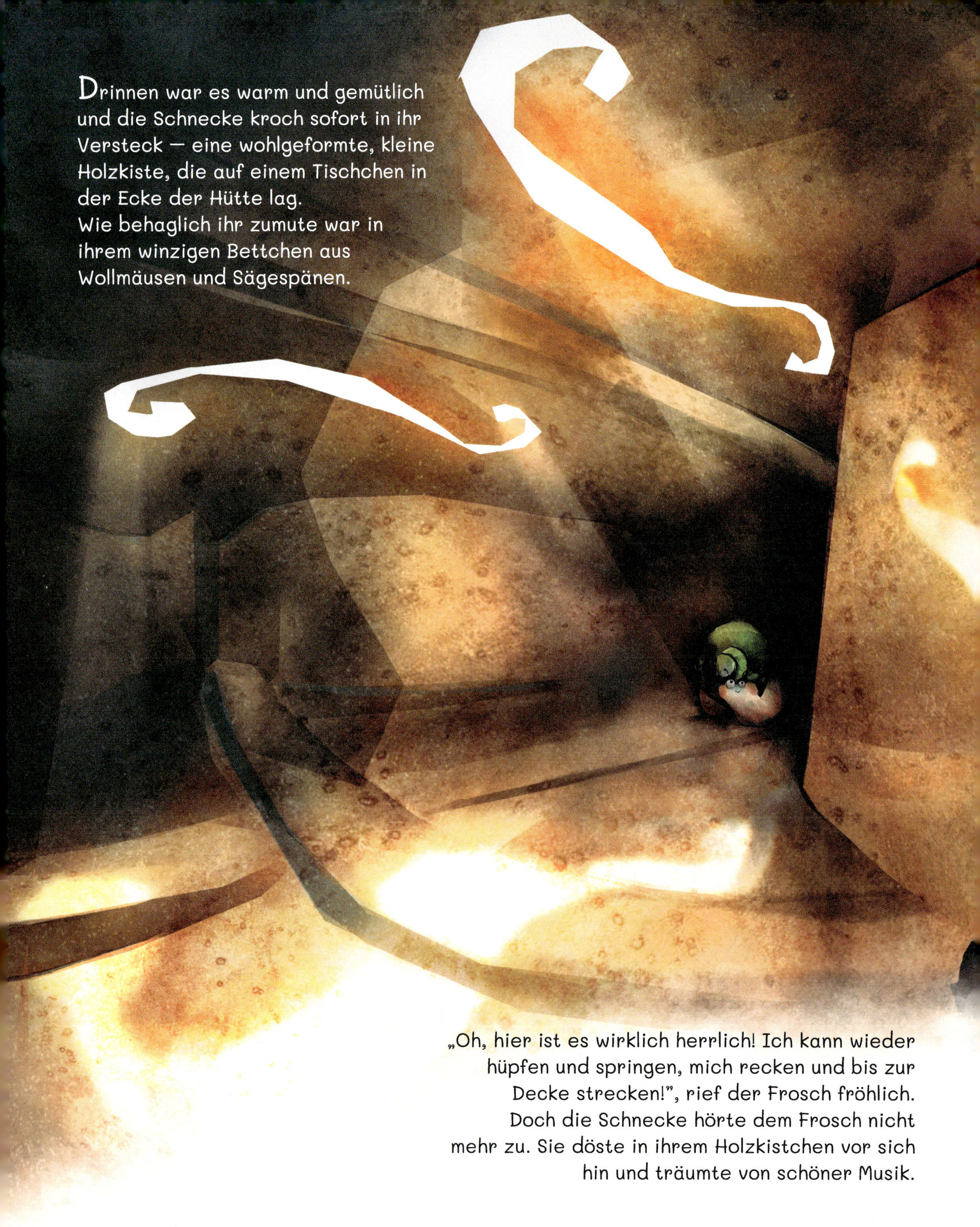

Drinnen war es warm und gemütlich und die Schnecke kroch sofort in ihr Versteck – eine wohlgeformte, kleine Holzkiste, die auf einem Tischchen in der Ecke der Hütte lag.
Wie behaglich ihr zumute war in ihrem winzigen Bettchen aus Wollmäusen und Sägespänen.

„Oh, hier ist es wirklich herrlich! Ich kann wieder hüpfen und springen, mich recken und bis zur Decke strecken!", rief der Frosch fröhlich.
Doch die Schnecke hörte dem Frosch nicht mehr zu. Sie döste in ihrem Holzkistchen vor sich hin und träumte von schöner Musik.

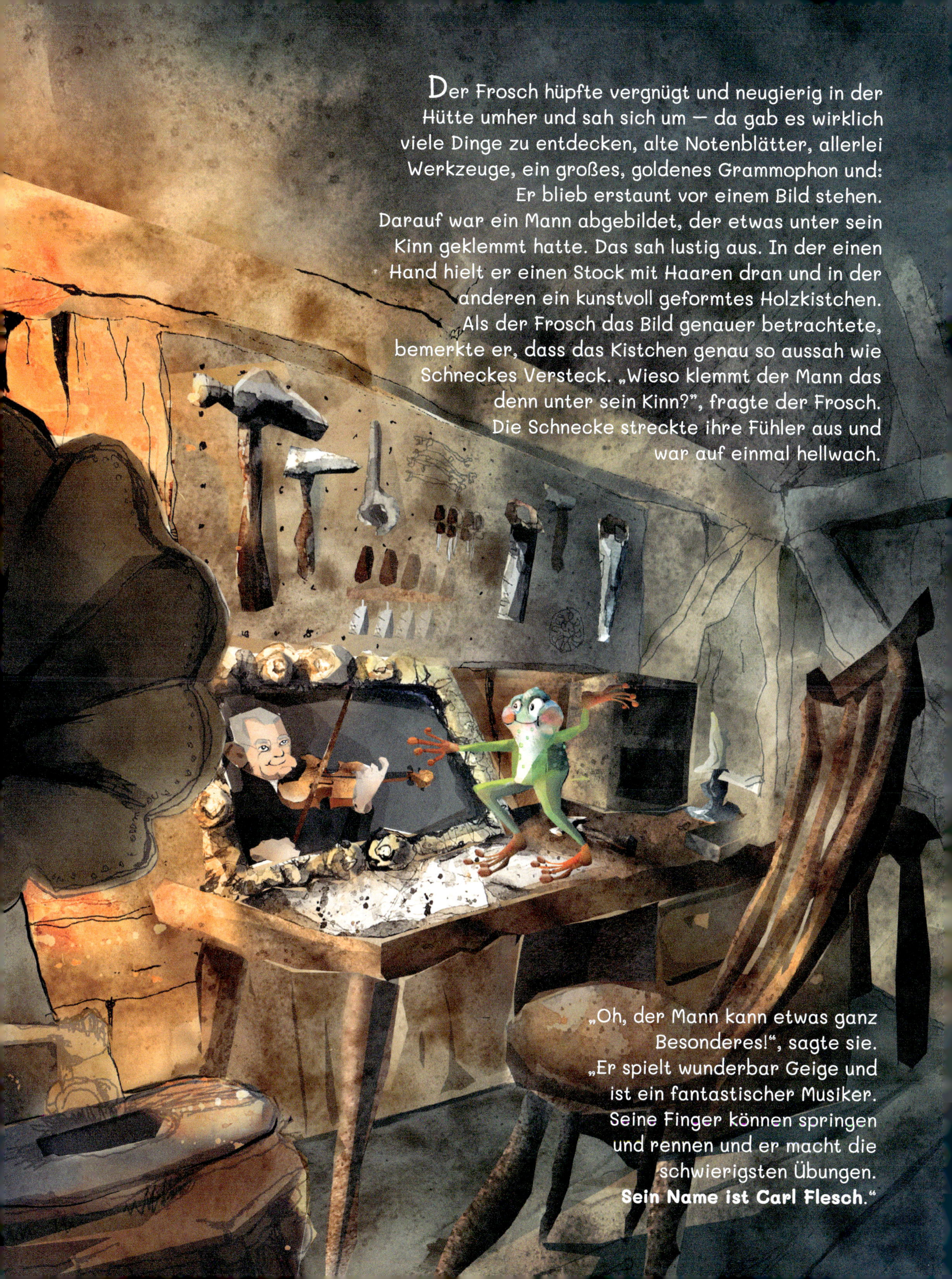

Der Frosch hüpfte vergnügt und neugierig in der Hütte umher und sah sich um – da gab es wirklich viele Dinge zu entdecken, alte Notenblätter, allerlei Werkzeuge, ein großes, goldenes Grammophon und: Er blieb erstaunt vor einem Bild stehen. Darauf war ein Mann abgebildet, der etwas unter sein Kinn geklemmt hatte. Das sah lustig aus. In der einen Hand hielt er einen Stock mit Haaren dran und in der anderen ein kunstvoll geformtes Holzkistchen. Als der Frosch das Bild genauer betrachtete, bemerkte er, dass das Kistchen genau so aussah wie Schneckes Versteck. „Wieso klemmt der Mann das denn unter sein Kinn?", fragte der Frosch. Die Schnecke streckte ihre Fühler aus und war auf einmal hellwach.

„Oh, der Mann kann etwas ganz Besonderes!", sagte sie. „Er spielt wunderbar Geige und ist ein fantastischer Musiker. Seine Finger können springen und rennen und er macht die schwierigsten Übungen. **Sein Name ist Carl Flesch.**"

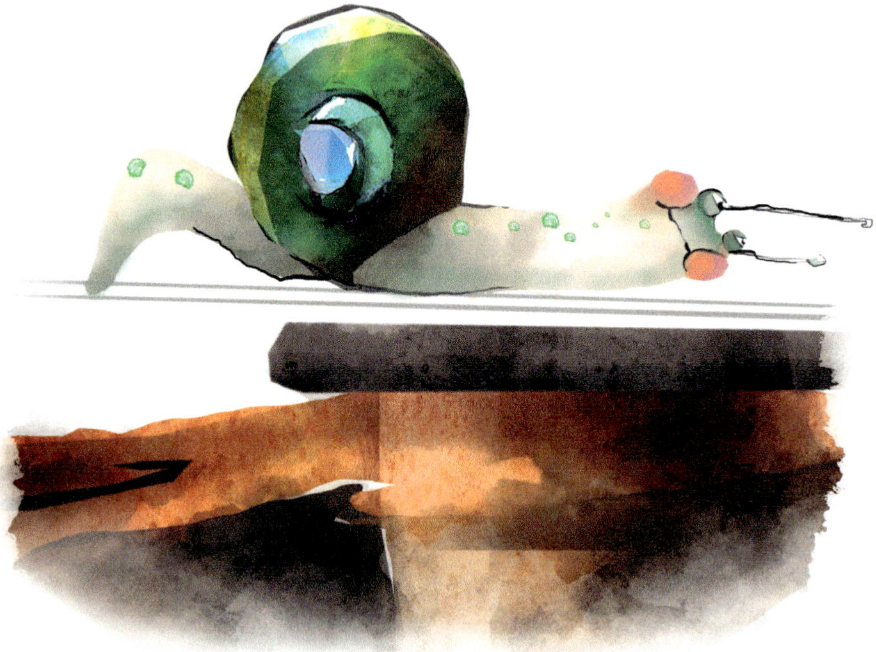

„Was, er spielt Geige? Dein Versteck ist eine Geige? Man kann darauf springen und rennen? Das geht doch gar nicht", murmelte der Frosch vor sich hin, hüpfte aber neugierig zu seiner Freundin hinüber.

„Doch, das geht!", rief die Schnecke entzückt. „Soll ich es dir zeigen? Deine Hilfe könnte ich dabei auch gut gebrauchen. Wie oft habe ich schon probiert zu spielen, bin auf den Saiten rauf und runter gekrochen, habe mich verbogen und meine Fühler lang gezogen. Es hat einfach nicht geklappt.
Doch gemeinsam können wir das schaffen.
Wir werden der Geige schöne Töne entlocken!", juchzte die Schnecke.

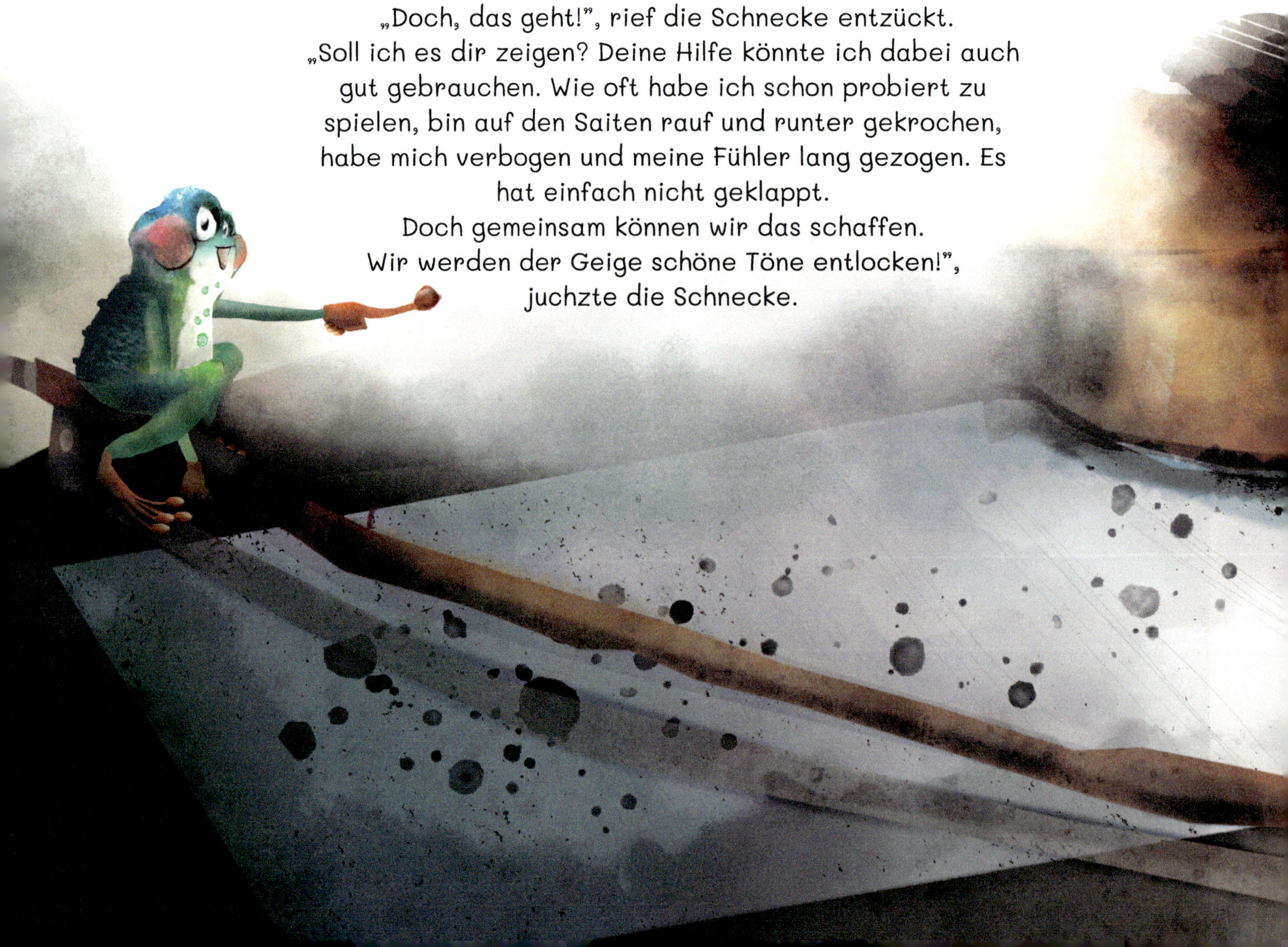

Der Frosch sprang auf eine lange Holzstange, die neben Schneckes Versteck lag. „Da sitzt du genau richtig“, sagte sie. „Das ist ein Bogen und das kleine Holzklötzchen da unter dir nennt man auch Frosch!“ Sie lachte und kroch auf der Geige entlang, den langen Hals hinauf und machte es sich am Ende gemütlich. „Da ist ja eine Schnecke aus Holz — die sieht aus wie du!“, rief der Frosch begeistert.

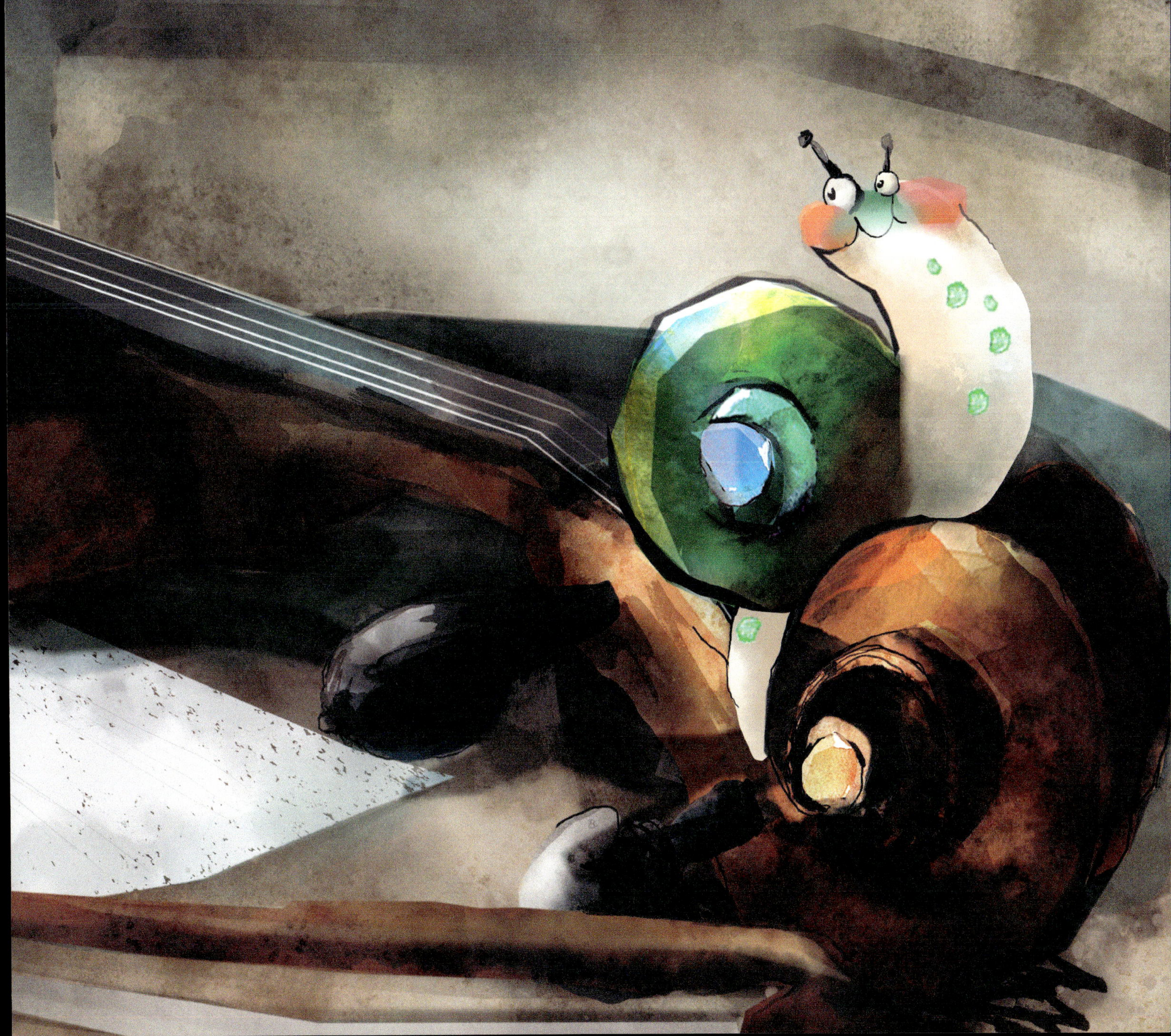

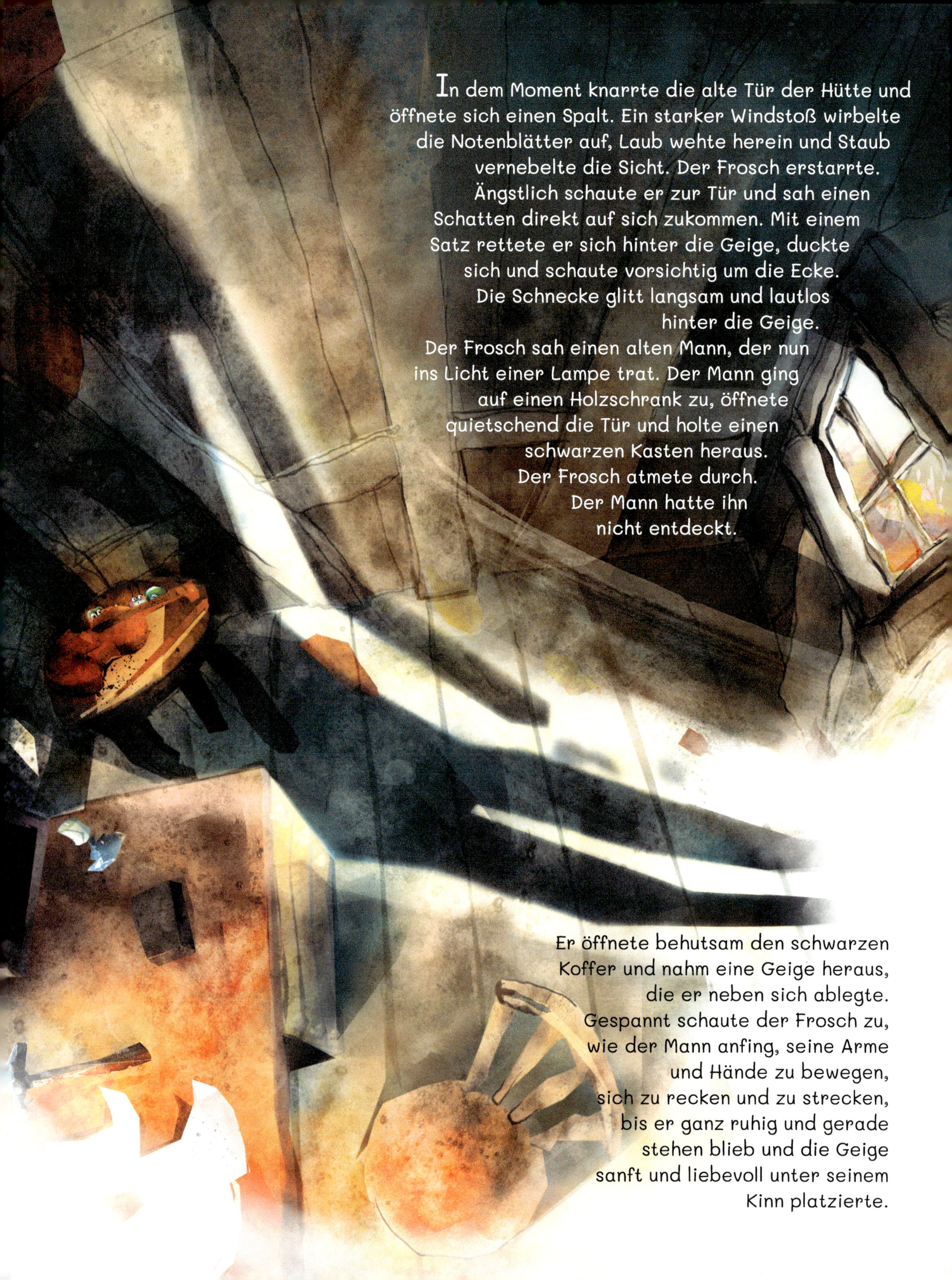

In dem Moment knarrte die alte Tür der Hütte und öffnete sich einen Spalt. Ein starker Windstoß wirbelte die Notenblätter auf, Laub wehte herein und Staub vernebelte die Sicht. Der Frosch erstarrte. Ängstlich schaute er zur Tür und sah einen Schatten direkt auf sich zukommen. Mit einem Satz rettete er sich hinter die Geige, duckte sich und schaute vorsichtig um die Ecke. Die Schnecke glitt langsam und lautlos hinter die Geige.

Der Frosch sah einen alten Mann, der nun ins Licht einer Lampe trat. Der Mann ging auf einen Holzschrank zu, öffnete quietschend die Tür und holte einen schwarzen Kasten heraus. Der Frosch atmete durch. Der Mann hatte ihn nicht entdeckt.

Er öffnete behutsam den schwarzen Koffer und nahm eine Geige heraus, die er neben sich ablegte. Gespannt schaute der Frosch zu, wie der Mann anfing, seine Arme und Hände zu bewegen, sich zu recken und zu strecken, bis er ganz ruhig und gerade stehen blieb und die Geige sanft und liebevoll unter seinem Kinn platzierte.

Die Finger fingen an zu tanzen. Der rechte und der linke Arm führten kunstvolle Bewegungen aus, erst allein und schließlich zusammen. Was nun passierte, hatte der Frosch noch nie erlebt. Gebannt schaute er auf die Hände des Mannes und machte seine Ohren weit auf.

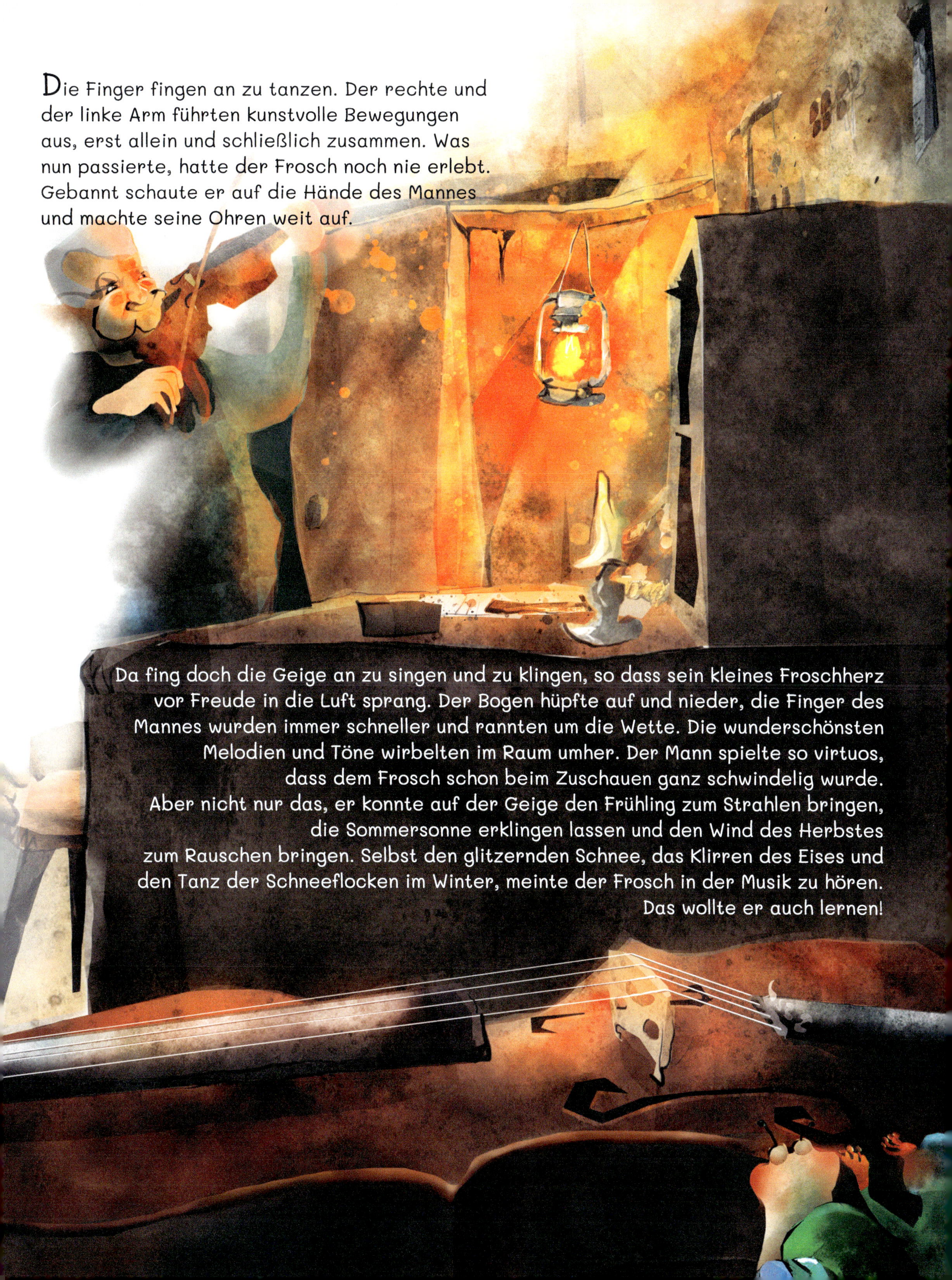

Da fing doch die Geige an zu singen und zu klingen, so dass sein kleines Froschherz vor Freude in die Luft sprang. Der Bogen hüpfte auf und nieder, die Finger des Mannes wurden immer schneller und rannten um die Wette. Die wunderschönsten Melodien und Töne wirbelten im Raum umher. Der Mann spielte so virtuos, dass dem Frosch schon beim Zuschauen ganz schwindelig wurde. Aber nicht nur das, er konnte auf der Geige den Frühling zum Strahlen bringen, die Sommersonne erklingen lassen und den Wind des Herbstes zum Rauschen bringen. Selbst den glitzernden Schnee, das Klirren des Eises und den Tanz der Schneeflocken im Winter, meinte der Frosch in der Musik zu hören. Das wollte er auch lernen!

Auf einmal war alles so schnell vorüber, wie es begonnen hatte. Der alte Mann packte die Geige sorgsam in den Schrank, ordnete seine Noten, schloss die knarrende Tür hinter sich und war verschwunden. Es wurde wieder still um sie herum und die Schnecke flüsterte ganz beseelt: „Ohhh, wie wunderschön! Hast du das gehört? Unglaublich, was man auf der Geige alles spielen kann, oder?"
„Ja!", rief der Frosch, „das will ich auch lernen."
Er sprang übermütig auf den Bogen, machte einen Umschwung um die Stange, stellte sich im Handstand auf die Spitze und rutschte blitzschnell bis zum Frosch hinunter.
„Los, los, jetzt trödel nicht so rum. Beeil dich!"

„Langsam, so schnell geht das doch nicht. Ich habe schon so viele Winter zugehört. Hast du den alten Mann beobachtet? Wir müssen es genauso versuchen, wie er! Spring du auf den Bogen, ich krieche auf die Saiten, dann machen wir uns warm und zaubern die schönsten Töne!", erklärte die Schnecke.

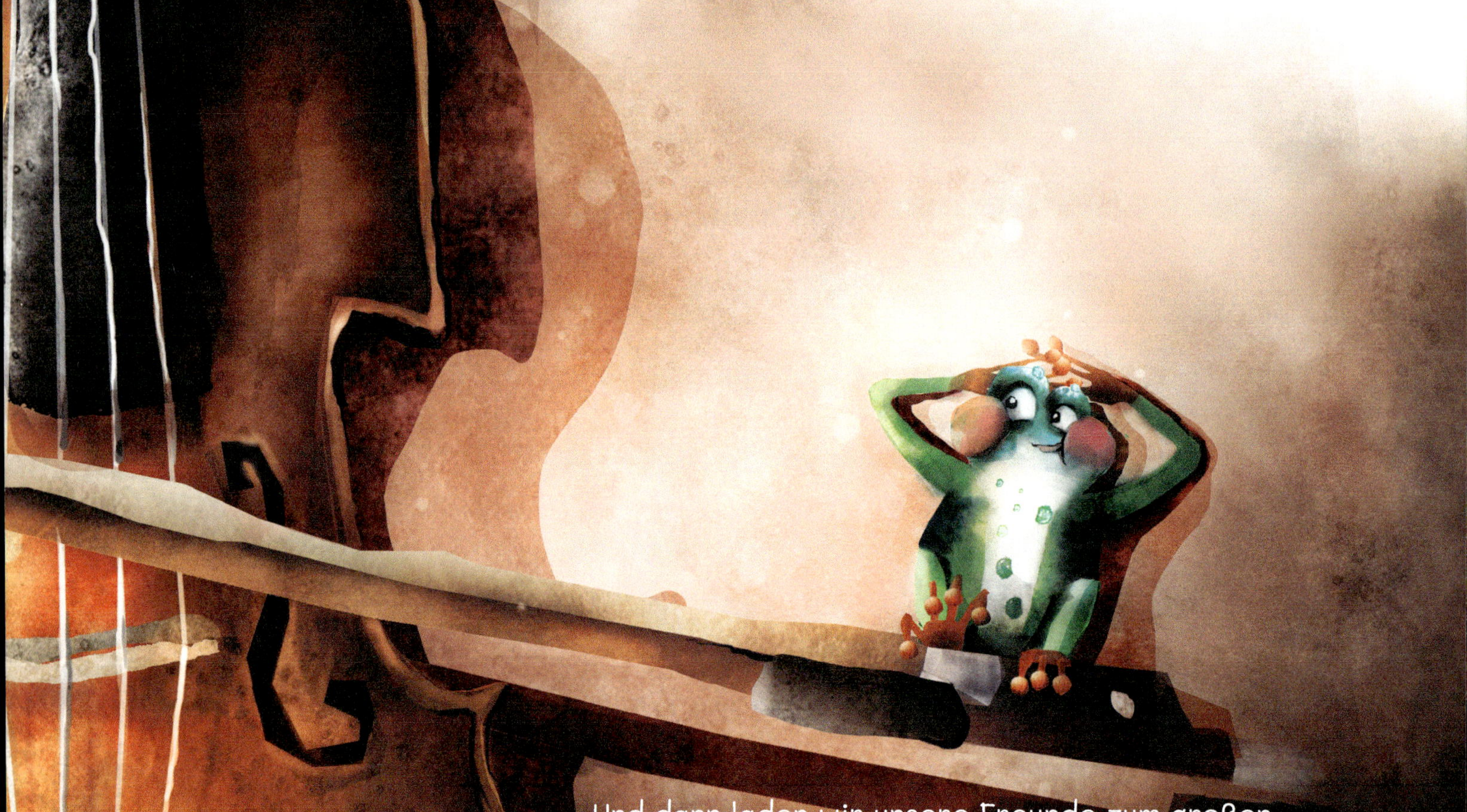

„Und dann laden wir unsere Freunde zum großen Konzert ein und wer will, kann dazu singen und tanzen", freute sich der Frosch. „Bis dahin dauert es aber noch eine ganze Weile, hab Geduld, aber wenn wir jeden Tag trainieren, schaffen wir das", sagte die Schnecke.

Der Winter war alles andere als langweilig. Draußen schneite es, die Eiszapfen hingen vom Dach der alten Hütte und wurden von Tag zu Tag länger. Der Gartenteich war längst zugefroren, und die beiden Freunde übten oft so lange, dass sie erschöpft in die kleine Geige krochen.

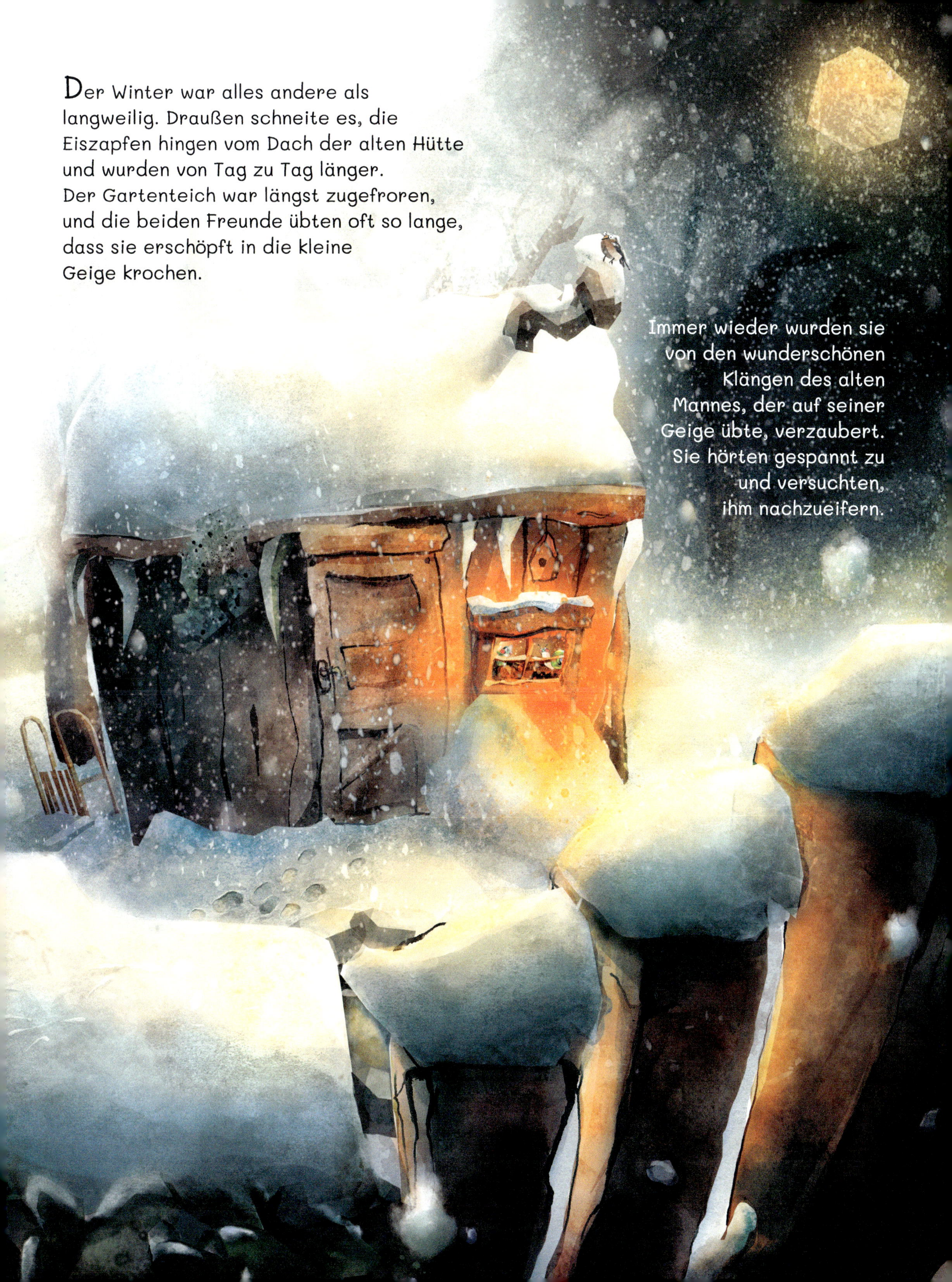

Immer wieder wurden sie von den wunderschönen Klängen des alten Mannes, der auf seiner Geige übte, verzaubert. Sie hörten gespannt zu und versuchten, ihm nachzueifern.

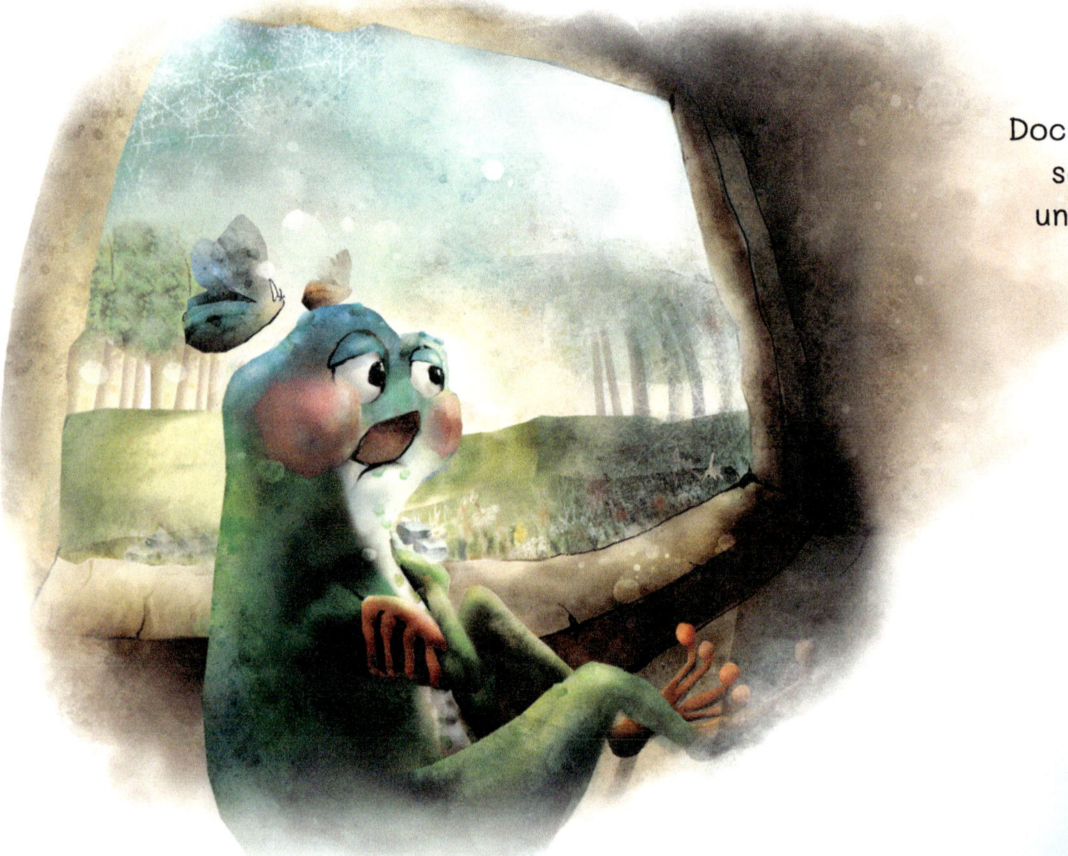

Doch der Frosch hörte schon nicht mehr zu und hüpfte mit einem riesigen Satz aus dem Fenster.

„Ich habe keine Lust mehr!", rief der Frosch eines Tages, „das klappt doch sowieso nicht, was wir da machen. Wir üben schon so lange und es klingt schaurig und quietschig. Es ist mir viel zu anstrengend. Ich will nicht mehr! Ich will raus, endlich wieder raus!" Die Schnecke schaute den Frosch verzweifelt an. „Du willst raus?? Du lässt mich jetzt einfach im Stich? Ohne dich schaffe ich das nicht", schluchzte die Schnecke.

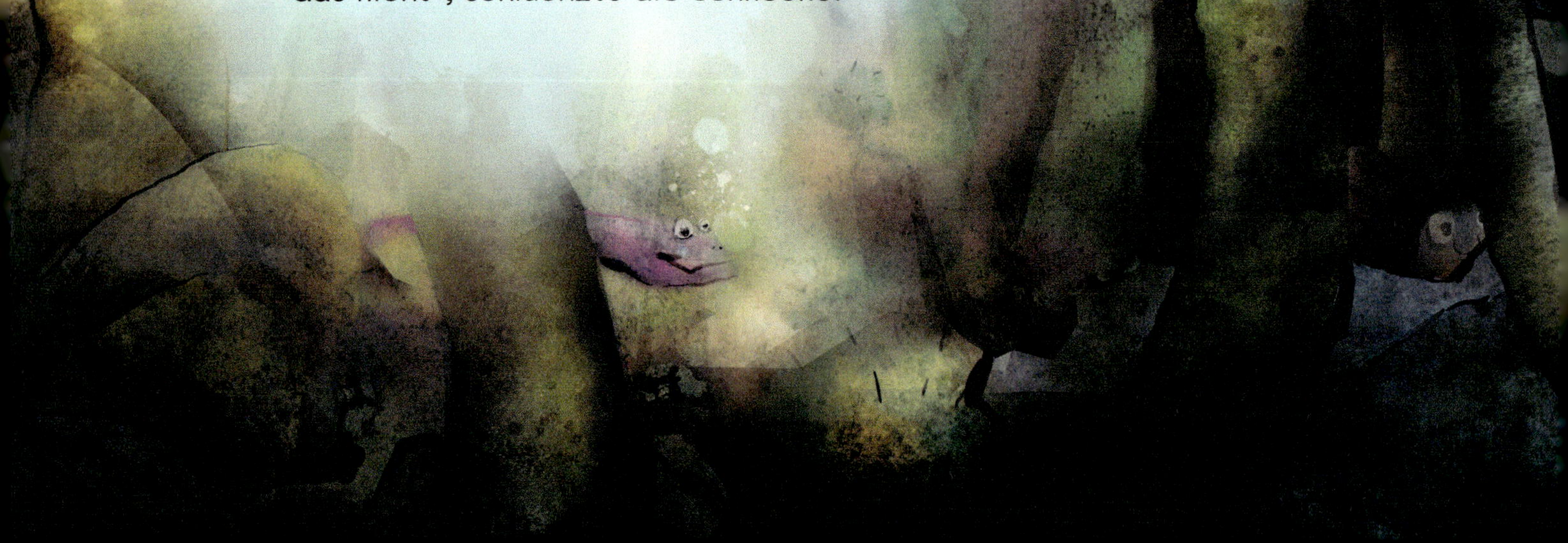

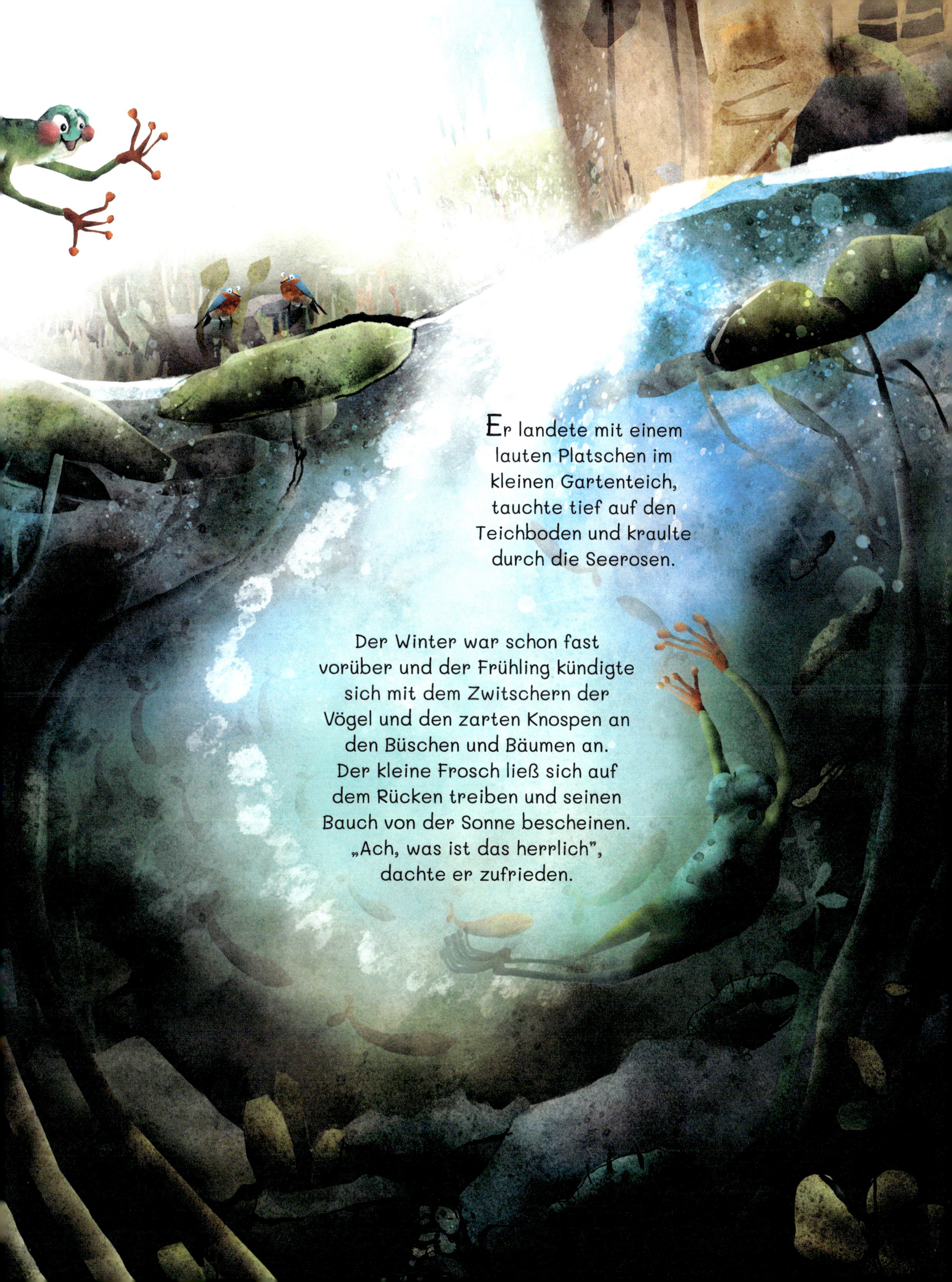

Er landete mit einem lauten Platschen im kleinen Gartenteich, tauchte tief auf den Teichboden und kraulte durch die Seerosen.

Der Winter war schon fast vorüber und der Frühling kündigte sich mit dem Zwitschern der Vögel und den zarten Knospen an den Büschen und Bäumen an. Der kleine Frosch ließ sich auf dem Rücken treiben und seinen Bauch von der Sonne bescheinen. „Ach, was ist das herrlich", dachte er zufrieden.

Nach einer Weile hatte er ein schlechtes Gewissen. Wie konnte er die Schnecke nur allein lassen! Schnell sprang er zum Fenster zurück und rief: „Bin wieder daaaaaa! Ich lass dich nicht im ... “ – Dem Frosch stockte der Atem.
Da stand ein kleiner Junge mitten in der Gartenhütte und steuerte nun direkt auf die kleine Geige zu. Wo war denn die Schnecke? Sie hatte sich doch nicht etwa in der Geige verkrochen?
dachte der Frosch. „Oh, nein, Schnecke, pass auf ...“, rief er.

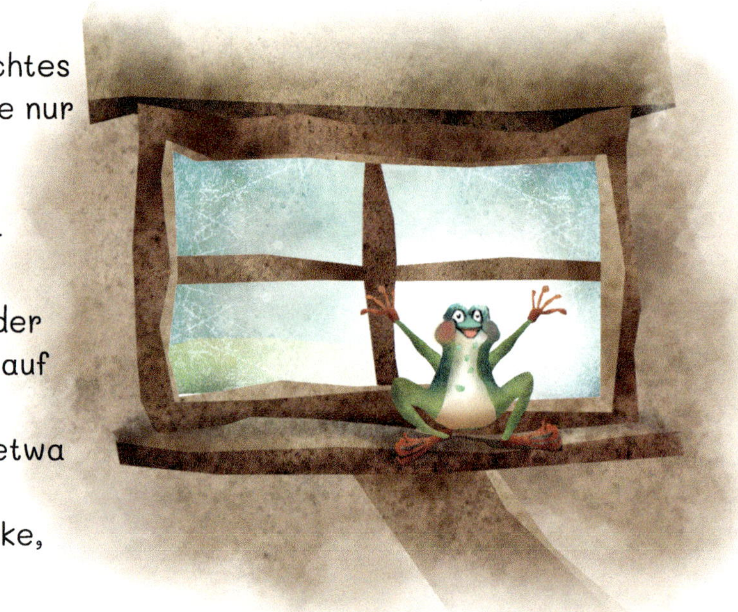

Doch es war schon zu spät. Der Junge nahm die Geige in seine Hand und hob sie hoch. In diesem Moment rumpelte es, die Schnecke stieß sich den Kopf an der Geigendecke, fiel durch das F-Loch hinaus und landete unsanft direkt vor den Füßen des Kindes. Der Frosch überlegte nicht lange. Er musste der Schnecke helfen. Mit einem großen Satz sprang er zu ihr auf den Boden.

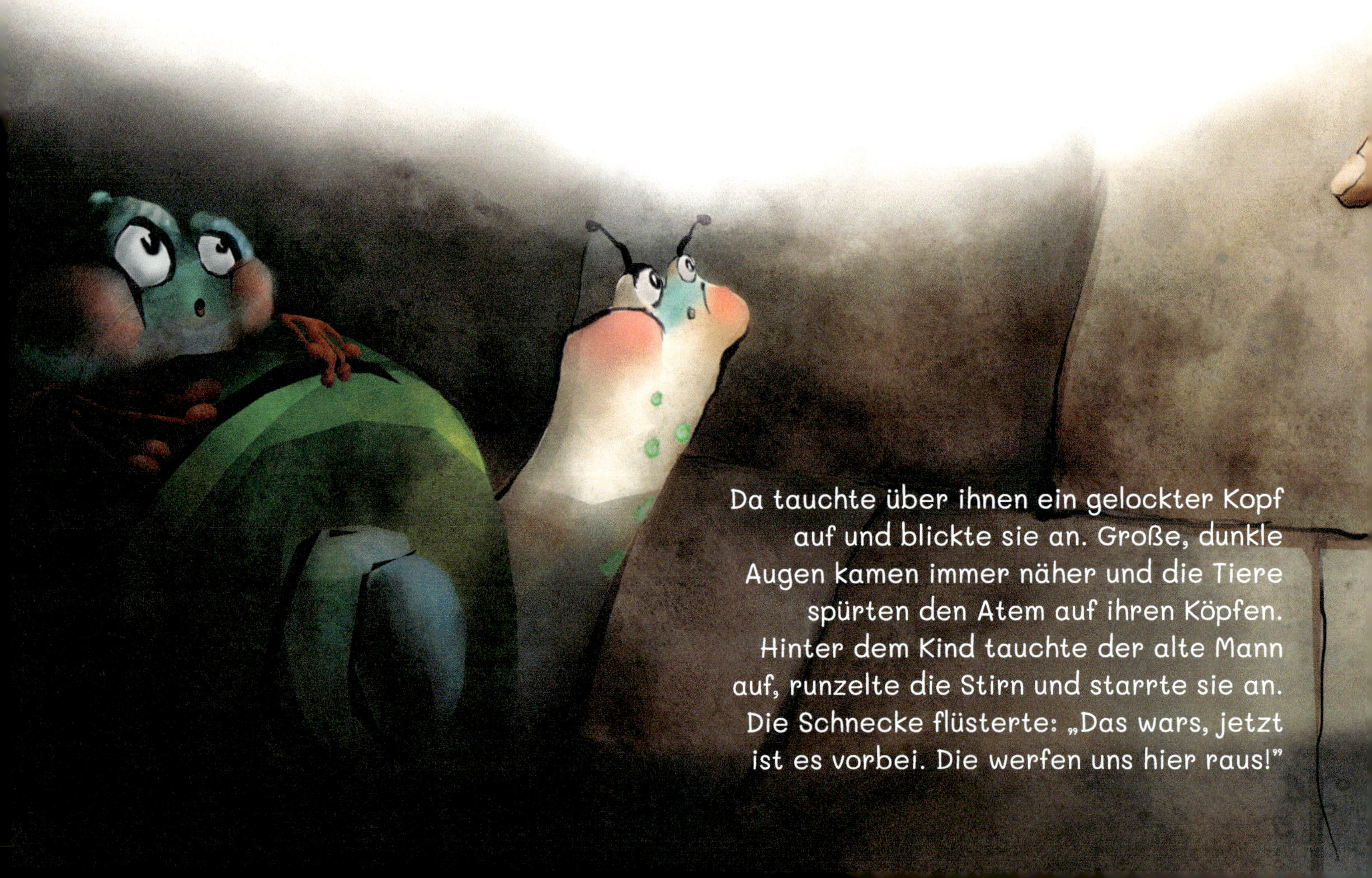

Da tauchte über ihnen ein gelockter Kopf auf und blickte sie an. Große, dunkle Augen kamen immer näher und die Tiere spürten den Atem auf ihren Köpfen. Hinter dem Kind tauchte der alte Mann auf, runzelte die Stirn und starrte sie an. Die Schnecke flüsterte: „Das wars, jetzt ist es vorbei. Die werfen uns hier raus!“

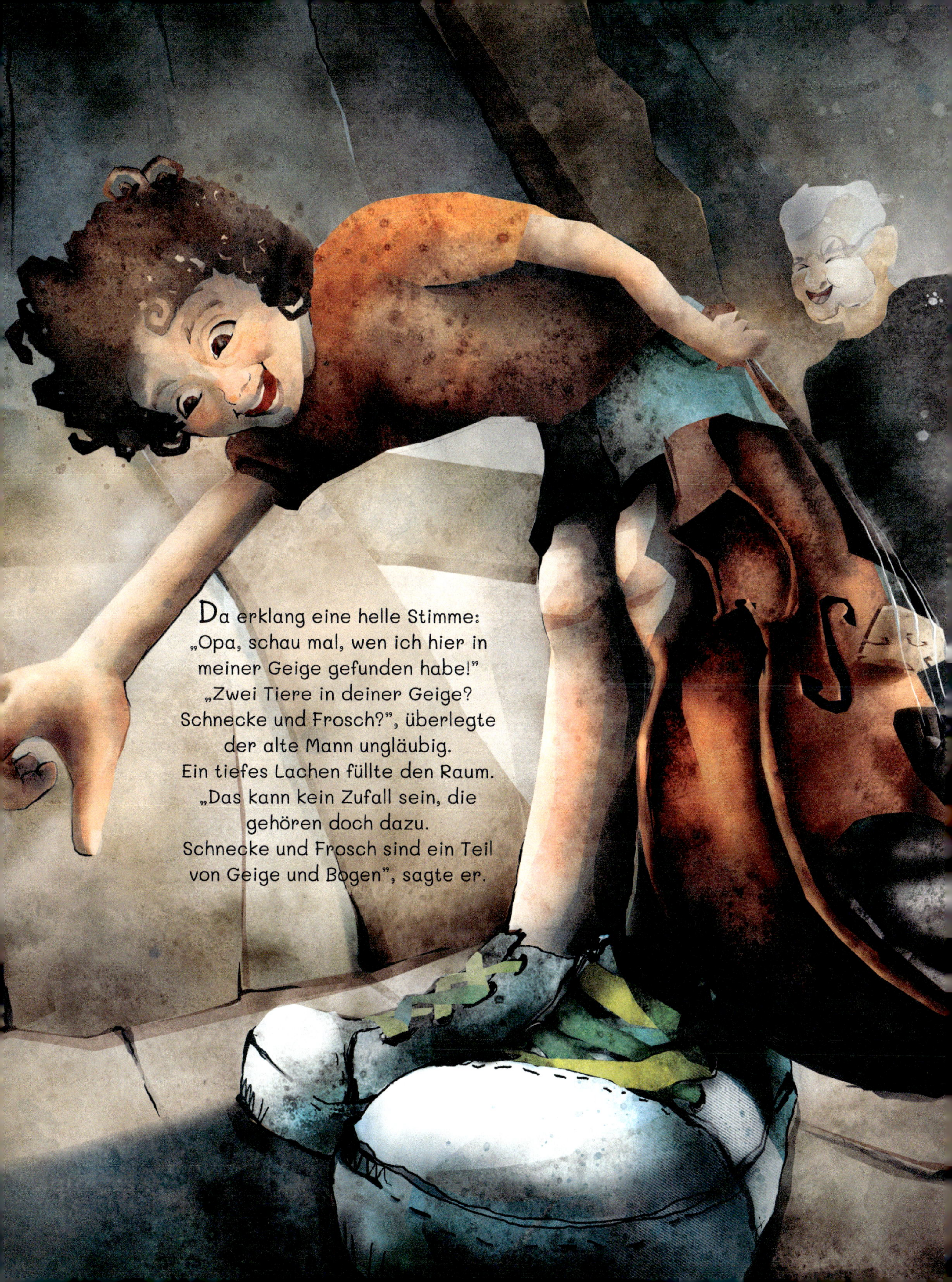

Da erklang eine helle Stimme:
„Opa, schau mal, wen ich hier in
meiner Geige gefunden habe!"
„Zwei Tiere in deiner Geige?
Schnecke und Frosch?", überlegte
der alte Mann ungläubig.
Ein tiefes Lachen füllte den Raum.
„Das kann kein Zufall sein, die
gehören doch dazu.
Schnecke und Frosch sind ein Teil
von Geige und Bogen", sagte er.

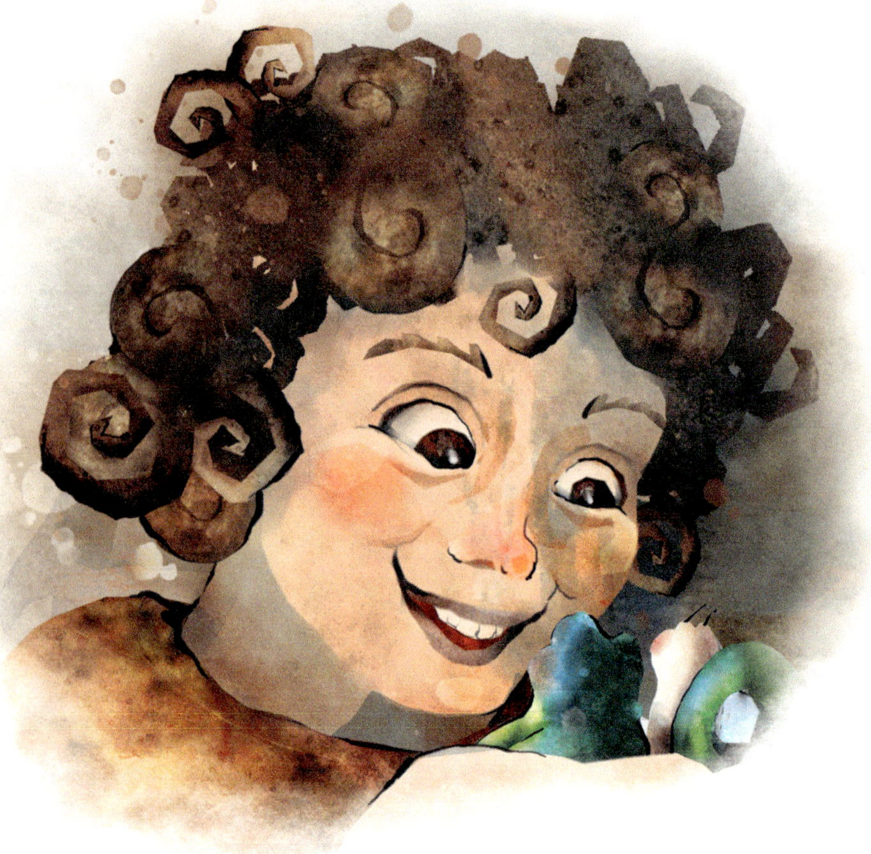

Er setzte sie vorsichtig ab, nahm seine Geige in die Hand und fing gemeinsam mit seinem Opa an zu spielen. Schnecke und Frosch hatten ihr Glück gefunden. Sie übten viele Stunden, viele Tage und viele Wochen. Immer wenn der alte Mann die Hütte betrat und spielte, zwinkerte er den Tieren zu. Die beiden fühlten sich aufgehoben und geborgen im Haus des alten Geigers.

In dem Moment hob die kleine, warme Hand des Kindes die beiden Tiere behutsam auf: „Mein Opa hat recht! Ihr gehört dazu!“, flüsterte der Junge leise. „Ohne euch kann man doch gar nicht geigen. Wenn ihr wollt, dürft ihr für immer bei uns wohnen.“

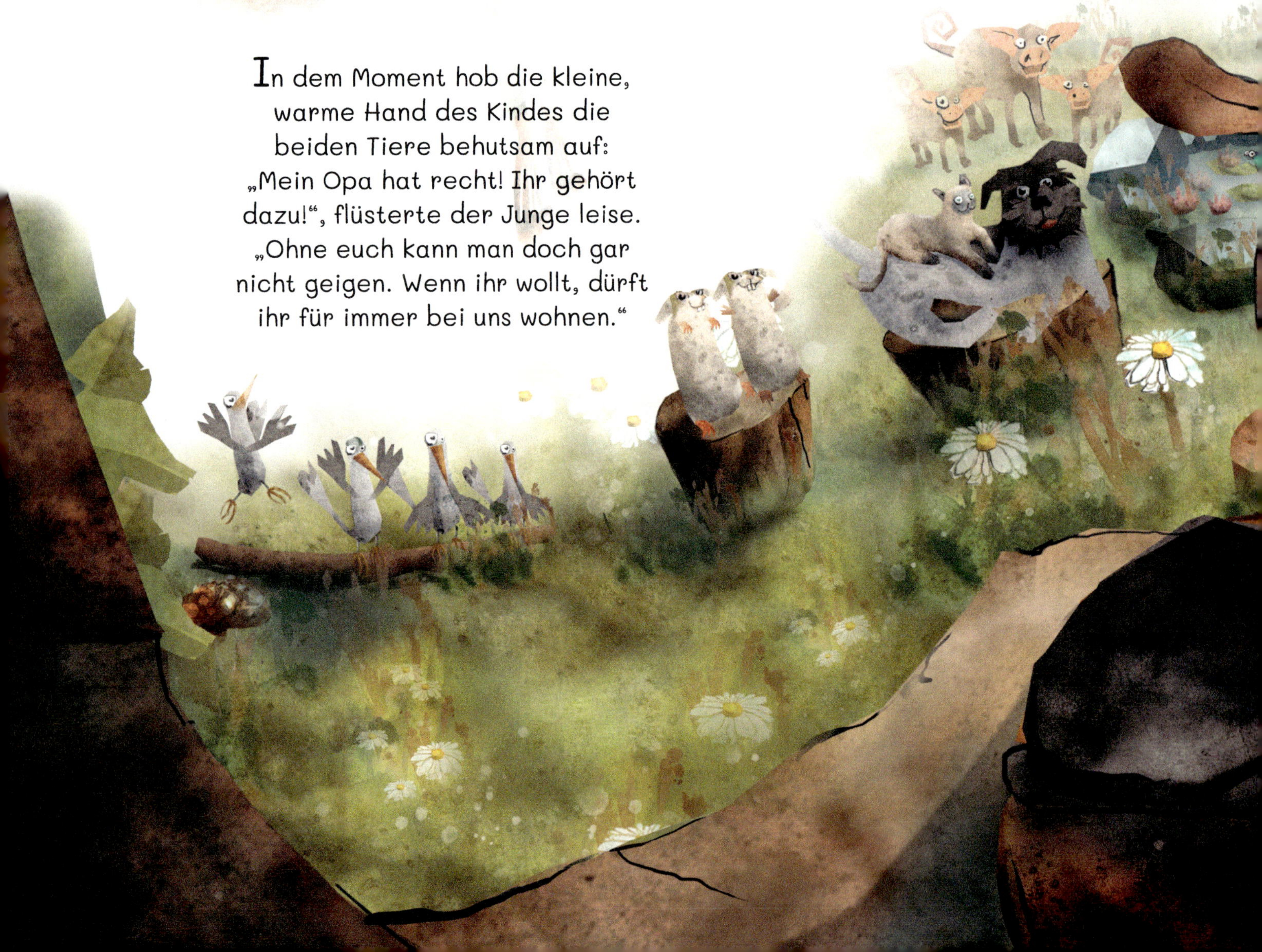

Endlich war der große Tag gekommen. Schnecke und Frosch saßen auf der Fensterbank und schauten auf die vielen kleinen und großen Tiere herunter, die sich vor der Hütte versammelt hatten.
Auch der alte Mann und das Kind waren da. Alle waren gekommen, um das Freundelied von Schnecke und Frosch zu hören, ihr erstes kleines Konzert, auf das sie sich so lange vorbereitet hatten.
Aufgeregt schauten sie sich an, und dann fingen sie an zu spielen. Sie hörten aufeinander und waren ganz darauf bedacht, die Geige gemeinsam zum Klingen zu bringen. All die Mühe hatte sich gelohnt und eine wunderschöne Melodie erklang. Ganz zart und leise wurde sie vom Wind hinaus getragen über die Wiesen bis zum Waldrand und hinaus in die Welt. Die Tiere staunten. Sie lauschten den wunderbaren Klängen und waren tief gerührt.

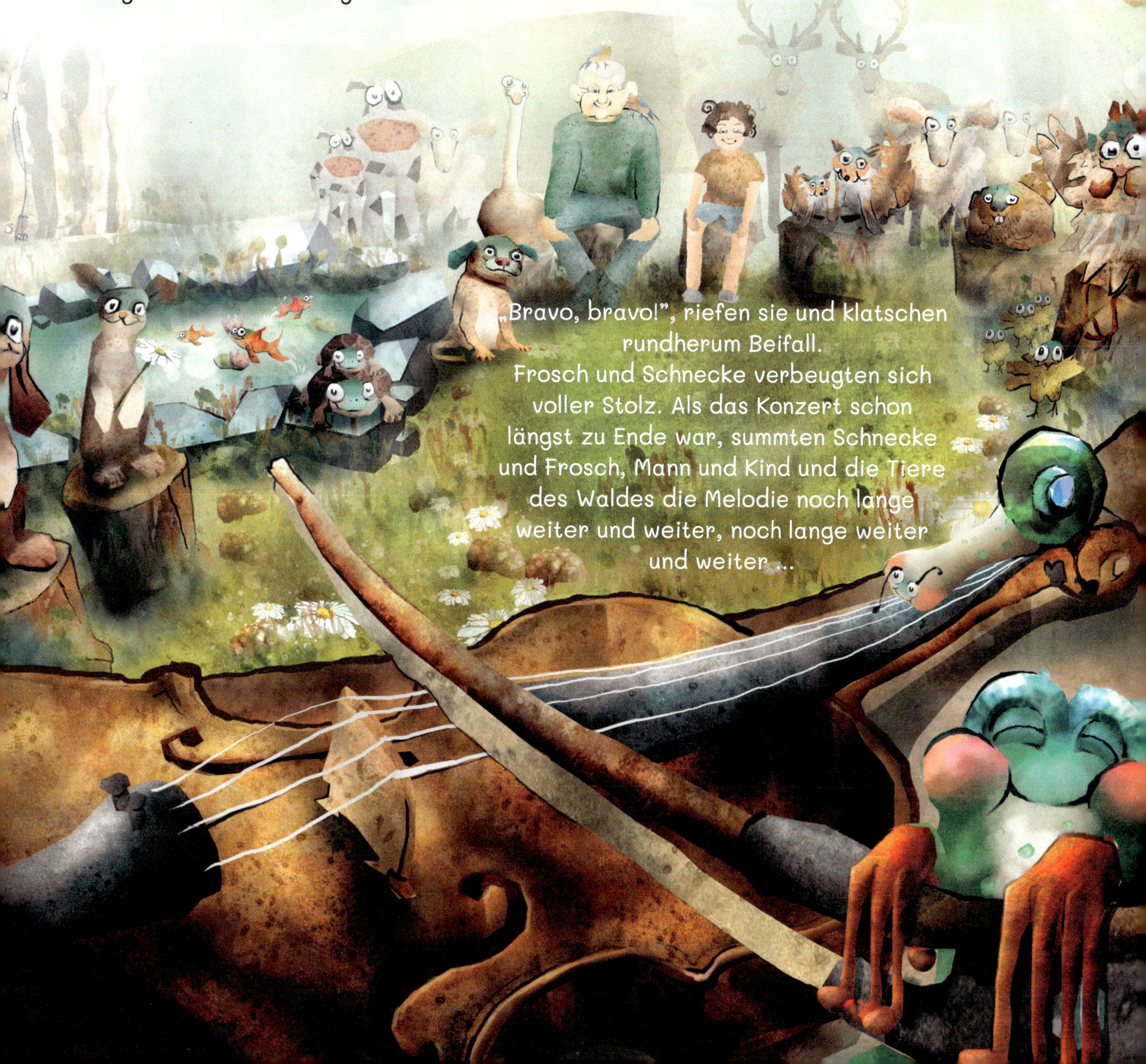

„Bravo, bravo!", riefen sie und klatschen rundherum Beifall.
Frosch und Schnecke verbeugten sich voller Stolz. Als das Konzert schon längst zu Ende war, summten Schnecke und Frosch, Mann und Kind und die Tiere des Waldes die Melodie noch lange weiter und weiter, noch lange weiter und weiter ...

Freundelied

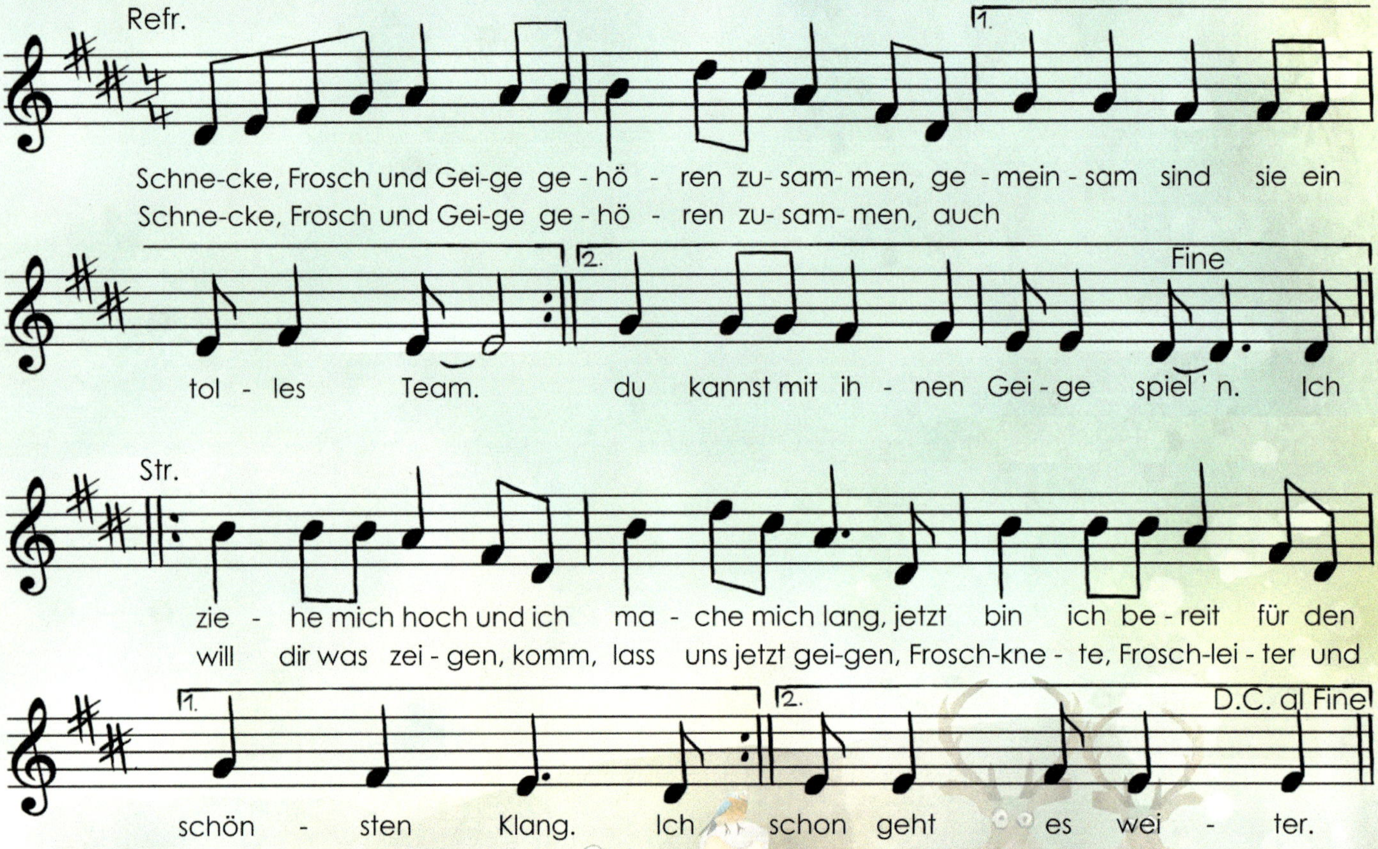

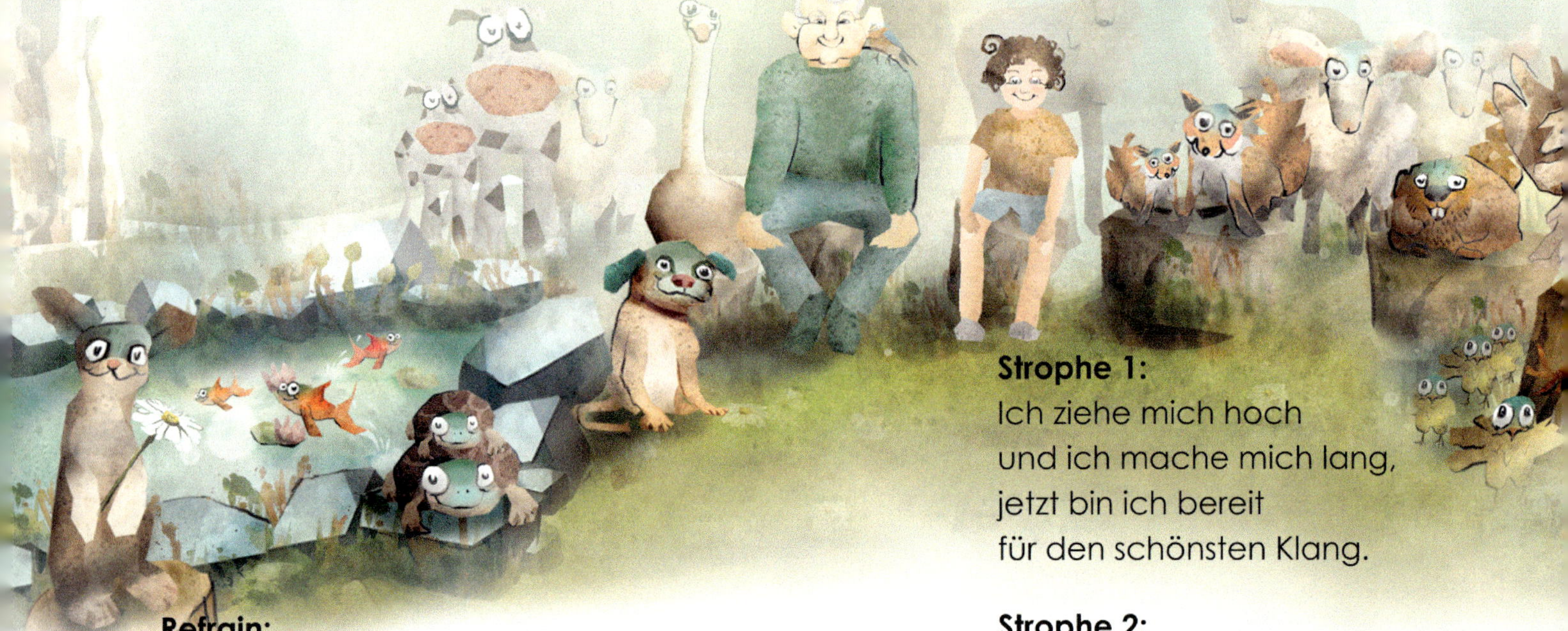

Strophe 1:

Ich ziehe mich hoch
und ich mache mich lang,
jetzt bin ich bereit
für den schönsten Klang.

Refrain:

Schnecke, Frosch und Geige gehören zusammen,
gemeinsam sind sie ein tolles Team.
Schnecke, Frosch und Geige gehören zusammen,
auch du kannst mit ihnen Geige spiel'n.

Strophe 2:

Ich will dir was zeigen,
komm, lass uns jetzt geigen,
Froschknete, Froschleiter
und schon geht es weiter.

Carl Flesch für Kinder

Übebuch

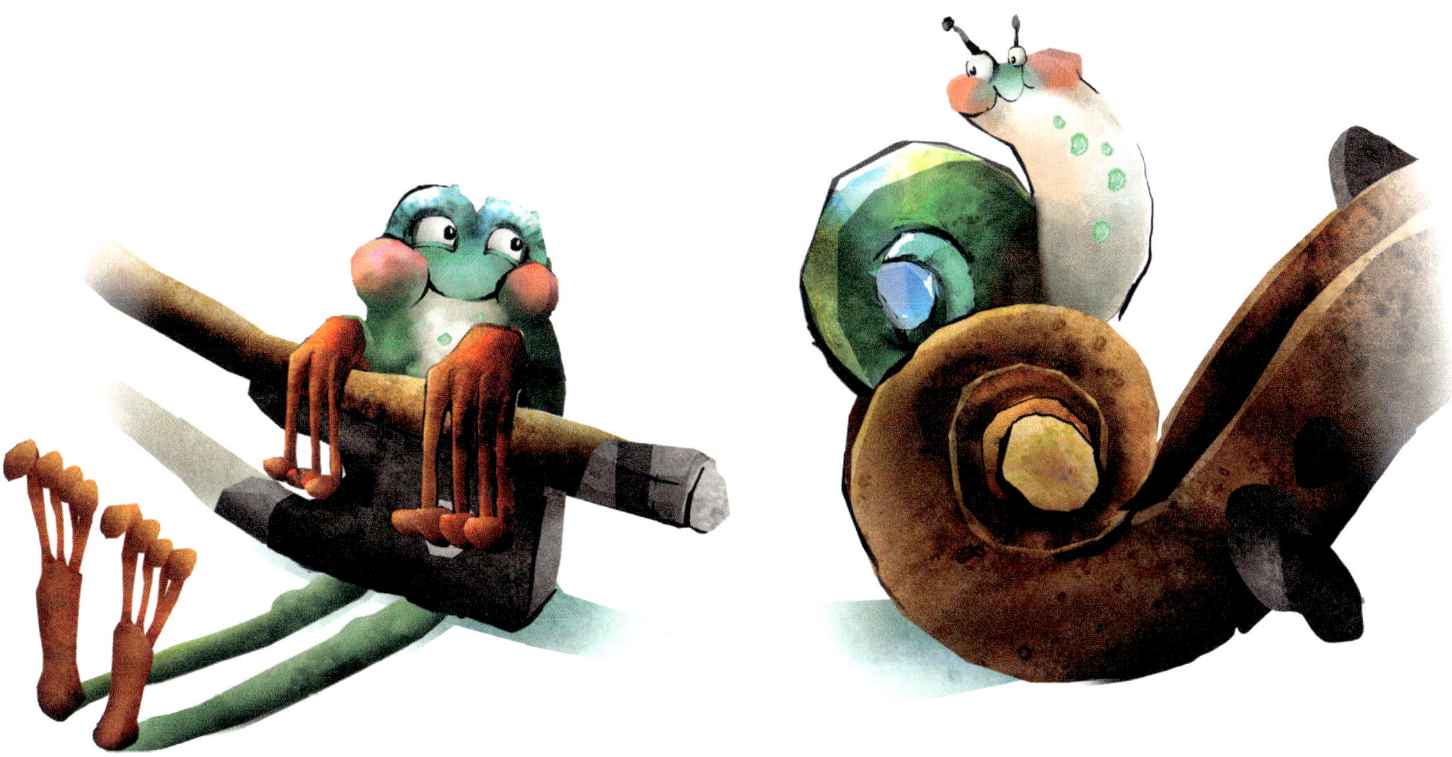

für
Brigitta, Birgit,
Peter und Peter

Inhaltsverzeichnis

Vorwort

Für die kleinen Leute

Das war ein schönes Konzert!
Wie haben Schnecke und Frosch das geschafft?
Das Geheimnis ihres Übens verraten sie dir jetzt.
In diesem Übebuch findest du wichtige Tipps und Tricks zum richtigen Üben. Zum Schluss üben Schnecke und Frosch mit dir zusammen ihr Freundelied. Mit Hilfe ihrer Übestruktur kannst du dann auch viele andere Stücke auf der Geige erarbeiten!

So sieht dein Üben aus:

Aufstellen	Haltung von Körper und Instrument
Aufwärmen	Übungen
Auftreten	kleine Auftrittsstücke

Frosch und Schnecke zeigen euch auch in ihren Videos und Audiobeispielen, wie es geht. Das Poster kannst du gerne aufhängen!

Viel Spaß mit Schnecke und Frosch!

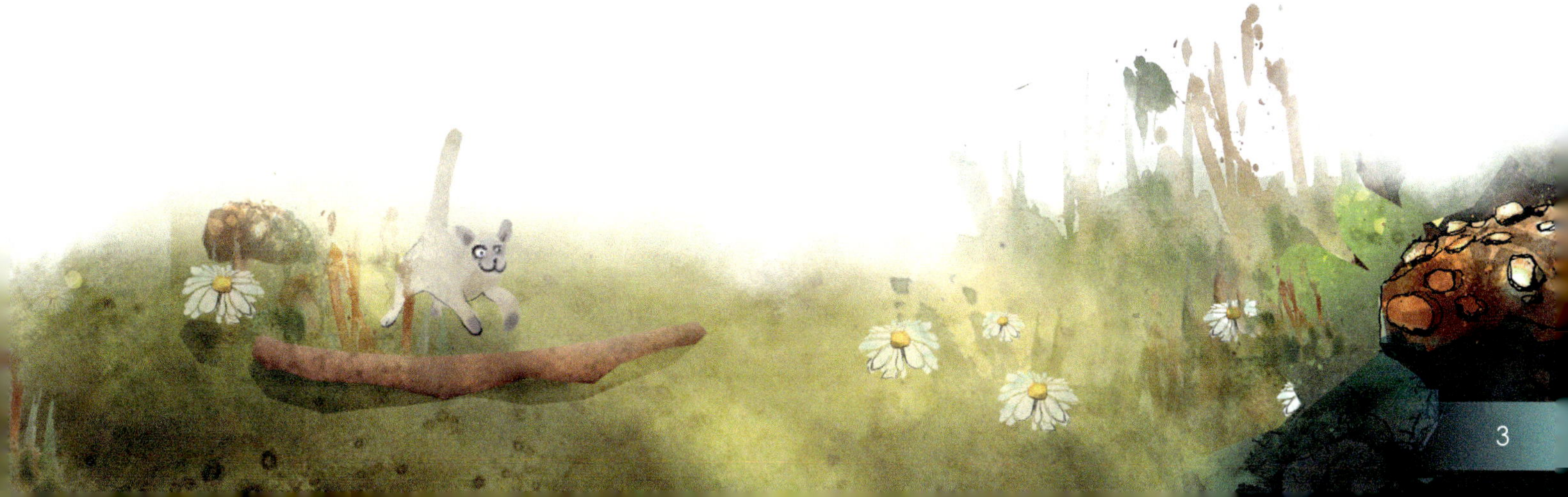

Vorwort

Für die großen Leute

Vor dem Hintergrund des eigenen professionellen Geigenspiels ist es uns als Geigenpädagoginnen ein besonderes Anliegen, bereits jungen Geigenschülern einen Zugang zum professionellen Üben zu ermöglichen.
In unserem Werk Carl Flesch für Kinder haben wir nach jahrelangem, intensivem Austausch die gemeinsamen Unterrichtsvorstellungen in einer für Kinder besonders motivierenden und ansprechenden Form aufgeschrieben.

Übebuch:
In unserem Übebuch sind die Urbewegungen aus den Urstudien von Carl Flesch kindgerecht aufgearbeitet und bilden ein grundlegendes Fundament für das Geigespielen. Wichtige Übeprinzipien aus der Kunst des Violinspiels von Carl Flesch geben den jungen Geigenschülern darüber hinaus einen Anstoß zum professionellen Geigeüben. Das Übebuch dient als Unterrichtsmaterial in **Ergänzung zu jeder gängigen Geigenschule** und ist auf jedem Niveau einsatzfähig – sowohl für die kleinsten Geigenschüler von Anfang an als auch für fortgeschrittene Geiger im Einzel- und Gruppenunterricht.

Kinderbuch: Schnecke und Frosch sind geFlescht
Die Motivation zum Geigenspiel wird durch die Geschichte Schnecke und Frosch sind geFlescht mit kindgerechten Motiven und sprachlichen Bildern besonders gefördert. Das Kinderbuch hat einen hohen Aufforderungscharakter und spricht dadurch die Zielgruppe ab dem Grundschulalter in besonderem Maße an. Gerade in diesem Alter ist die Veranschaulichung durch Bilder sehr wertvoll. Die Verbindung zwischen Kinderbuch und Übebuch schaffen die Tiere Schnecke und Frosch. Die Hauptfiguren des Kinderbuchs stehen für den linken und rechten Arm der Geigentechnik im Übebuch: Schneckenarm und Froscharm!

Unser Konzept:
Um das Fundament des professionellen Geigeübens aufzubauen, haben wir für die Lektionen eine dreiteilige Übestruktur erarbeitet. Jede Übeeinheit besteht aus den **drei A's**:

Aufstellen	Haltung von Körper und Instrument
Aufwärmen	Übungen
Auftreten	kleine Auftrittsstücke

Vorwort

Für die großen Leute

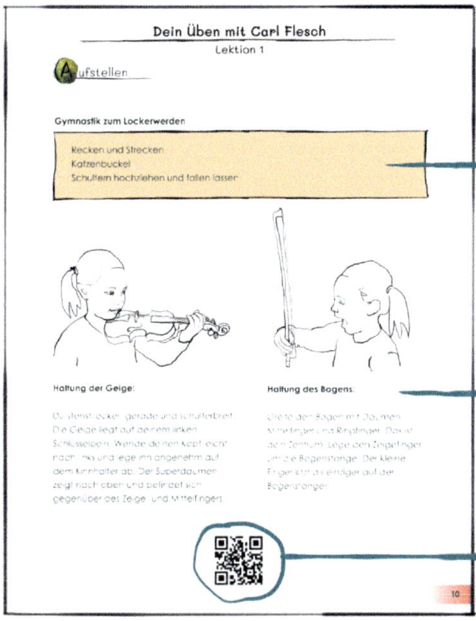

Dein Üben mit Carl Flesch

Lektion 1

Aufstellen

Gymnastik zum Lockerwerden

Recken und Strecken
Katzenbuckel
Schultern hochziehen und fallen lassen

Haltung der Geige:

Du stehst locker, gerade und schulterbreit. Die Geige liegt auf deinem linken Schlüsselbein. Wende deinen Kopf leicht nach links und lege ihn angenehm auf dem Kinnhalter ab. Der Superdaumen zeigt nach oben und befindet sich gegenüber des Zeige- und Mittelfingers.

Haltung des Bogens:

Greife den Bogen mit Daumen, Mittelfinger und Ringfinger. Das ist dein Zentrum. Lege den Zeigefinger um die Bogenstange. Der kleine Finger sitzt als einziger auf der Bogenstange.

10

Warmmachen des Körpers zu Beginn des Übens. Diese 3 Übungen bleiben in den Lektionen immer gleich, können aber auch individuell erweitert werden.

In diesen Übungen wird eine professionelle Haltung angelegt. Schneckenarm und Froscharm führen die Übungen getrennt voneinander durch. In Lektion 5 werden sie zusammengefügt.

Videos und Playbacks zu den Lektionen

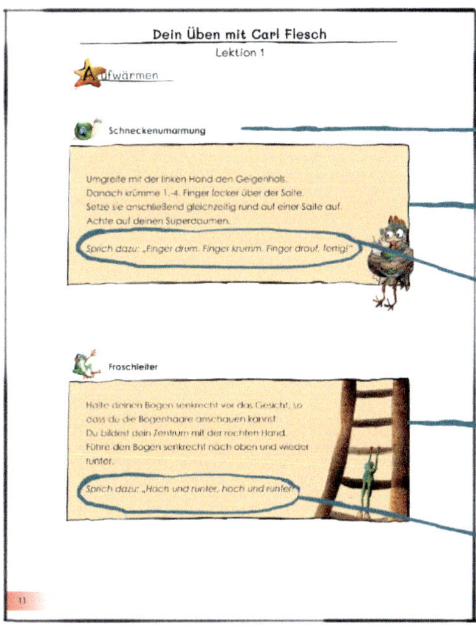

Dein Üben mit Carl Flesch

Lektion 1

Aufwärmen

Schneckenumarmung

Umgreife mit der linken Hand den Geigenhals.
Danach krümme 1.-4. Finger locker über der Saite.
Setze sie anschließend gleichzeitig rund auf einer Saite auf.
Achte auf deinen Superdaumen.

Sprich dazu: „Finger drum. Finger krumm. Finger drauf, fertig!"

Froschleiter

Halte deinen Bogen senkrecht vor das Gesicht, so dass du die Bogenhaare anschauen kannst.
Du bildest dein Zentrum mit der rechten Hand.
Führe den Bogen senkrecht nach oben und wieder runter.

Sprich dazu: „Hoch und runter, hoch und runter!"

11

Einprägsamer Übungsname

Kindgerechte Einführung der Urbewegung nach Carl Flesch: Schneckenarm allein

Mitsprechtext

Kindgerechte Einführung der Urbewegung nach Carl Flesch: Froscharm allein

Mitsprechtext

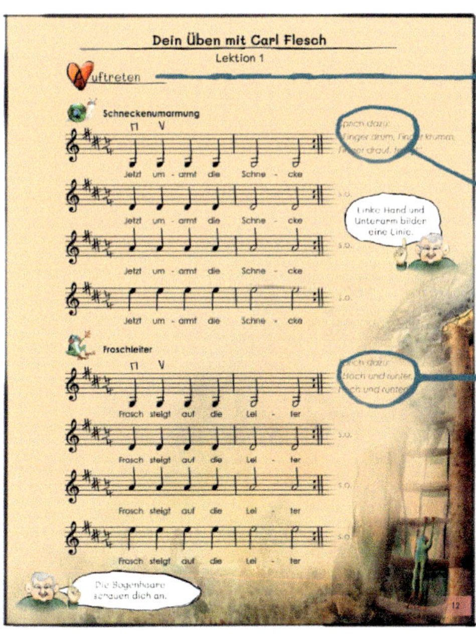

Schneckenarm und Froscharm werden in kleinen Auftrittsstücken zusammengeführt und festigen die Urbewegungen durch Streichen und Sprechen.

Mitsprechtext

Mitsprechtext

Vorwort

Für die großen Leute

Mit diesen drei A's lernen die Kinder die Urbewegungen in den Grundzügen und können sie für alle Stücke anwenden. Als Beispiel für eine derartige Transferleistung erarbeiten sie mit Schnecke und Frosch das Freundelied.

In drei Differenzierungsstufen lernen die Geigenschüler wichtige Übeprinzipien aus der „Kunst des Violinspiels" kennen. Das Bewusstwerden von Klang, Rhythmus und Intonation wird den Schülern als Ausblick und Anstoß im Geigengesetz mit auf den Weg gegeben (vgl. Kunst des Violinspiels I, S. 122). Diese drei Elemente bilden eine Steigerung des professionellen Übens, wie es in der „Kunst des Violinspiels" erläutert wird. Video- und Audiobeispiele und ein Poster dienen zusätzlich zum Verständnis und zur Motivation.

Didaktischer Bezug zu Carl Flesch:
Die von Carl Flesch verfassten Urstudien bilden einen „Extrakt der gesamten Violintechnik". „Auch die komplizierteste Passage eines jeden Stückes" besteht aus den sogenannten Urbewegungen (vgl. Urstudien, S. 4). In der „Kunst des Violinspiels" zeigt Carl Flesch: „Viele Wege führen nach Rom... es gibt keine Zauberformeln..., immerhin lässt sich eine Forderung als Grundgesetz bezeichnen. Dieses Gesetz lautet: Die vollkommene Technik besteht darin, alle Töne rein, klangschön,... sowie im richtigen Zeitmaße hervorzubringen." (KdV I, S. 1)
Carl Flesch teilt seine Urstudien in Übungen für den linken Arm, Übungen für den rechten Arm und Übungen für beide Arme gemeinsam ein (Urs S. 7). In den Lektionen 1-5 haben wir uns ebenfalls an diese Einteilung gehalten und erläutern im Folgenden, welche Urbewegungen von Carl Flesch zu Grunde liegen.

Lektion 1:
Die **Schneckenumarmung** führt die „Fallbewegung" der Finger ein (Urs S. 7, I. A). Den Geigenschülern wird gezeigt, in welcher Position sich die Finger der linken Hand auf den Saiten befinden sollen. Die Umarmung des Halses bereitet die Urbewegungen in dem Sinne vor, dass eine gute Position des Handgelenks umgesetzt werden kann.
Die **Froschleiter** schafft den Rahmen für eine Auf- und Abstrichbewegung und zwingt das Handgelenk durch das Anschauen der Bogenhaare in die passende Position. Der runde Daumen bereitet die Urbewegung des Fingerstrichs (Urs S. 8, II. F) vor.

Vorwort

Für die großen Leute

Lektion 2:
Die **Schneckenpatsche** greift die „Fallbewegung" (Urs S. 7, I. A) auf und konkretisiert sie.
Der Geigenschüler lernt hier, die Fingergruppen und die einzelnen Finger zu steuern.
Diese Übung wird auf allen Saiten ausgeführt und schafft so die Vorbereitung für die „Akkordbewegung" (Urs, S. 7, I. C). Die **Froschknete** steht in enger Verbindung zur Urbewegung des Fingerstrichs (Urs, S. 7, II. F). Der Daumen ist von Anfang an rund und das Daumengelenk wird sich durch Knetbewegungen seiner Funktion bewusst. Der durchgedrückte rechte Daumen wird somit von Anfang an vermieden.

Lektion 3:
Der **Schneckentanz** ergänzt die Grundzüge der „Fallbewegung" (Urs S. 7, I. A). Die Finger dürfen sich in individueller Geschwindigkeit bewegen und führen dabei intonationsunabhängig die „Fallbewegung" aus. Die Finger bewegen sich eng aneinander sowie weit auseinander, so dass die seitliche Bewegung für chromatische Abläufe (Urs S. 7, I. B) vorbereitet wird. Durch das Ausführen auf allen Saiten wird auch hier die „Akkordbewegung" (Urs S. 7, I. C) vorbereitet.
Die **Froschwippe** bringt die „Rollbewegung" (Urs S. 8, II. D) des Bogenarms ins Spiel. Ein erstes Gefühl für die bewusste Schultergelenkbewegung beim Saitenwechsel und die Bogenbereiche (untere Hälfte, Mitte, obere Hälfte) stellt sich ein.

Lektion 4:
Der **Schneckendaumentanz** führt die „Daumenbewegung" (Urs S. 7, I. D) ein. Hier wird die Technik für den Lagenwechsel angelegt.
Das **Froschküsschen** trainiert die „vertikale Bewegung" der Hand im Handgelenk (Urs S. 8, II. E) und bereitet die „quasi-horizontale Bewegung" des Oberarms (Urs S. 8, II. A) vor.
Beide Bewegungen bilden die Grundlage für den Détaché-Strich.

Lektion 5:
Die **Schneckenrutsche** übt die kombinierte Bewegung des Hand- und Ellenbogengelenks (Urs, S. 7, I. E). Der Lagenwechsel wird so von Beginn an vorbereitet.
Die **Froschschenkelübung** verbindet die „quasi-horizontale Bewegung" des Oberarms (Urs, S. 8, II. A) und die „quasi-horizontale Bewegung" des Unterarms (Urs, S. 8, II. C). Die Geigenschüler bekommen eine Vorstellung der Bogeneinteilung und der Aufgaben des rechten Arms. In den verbindenden Auftrittsstücken finden sich Elemente der „quasi-horizontalen Bewegung" des Oberarms, des Unterarms (Urs S. 8, II. A, II. C) und des Fingerstrichs (II. F).

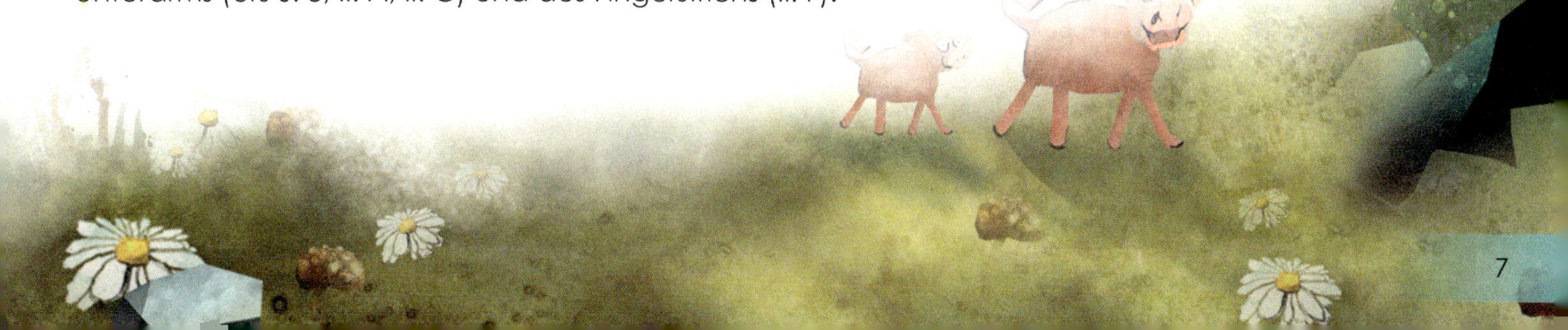

Dein Instrument

Schneckenarm und Froscharm

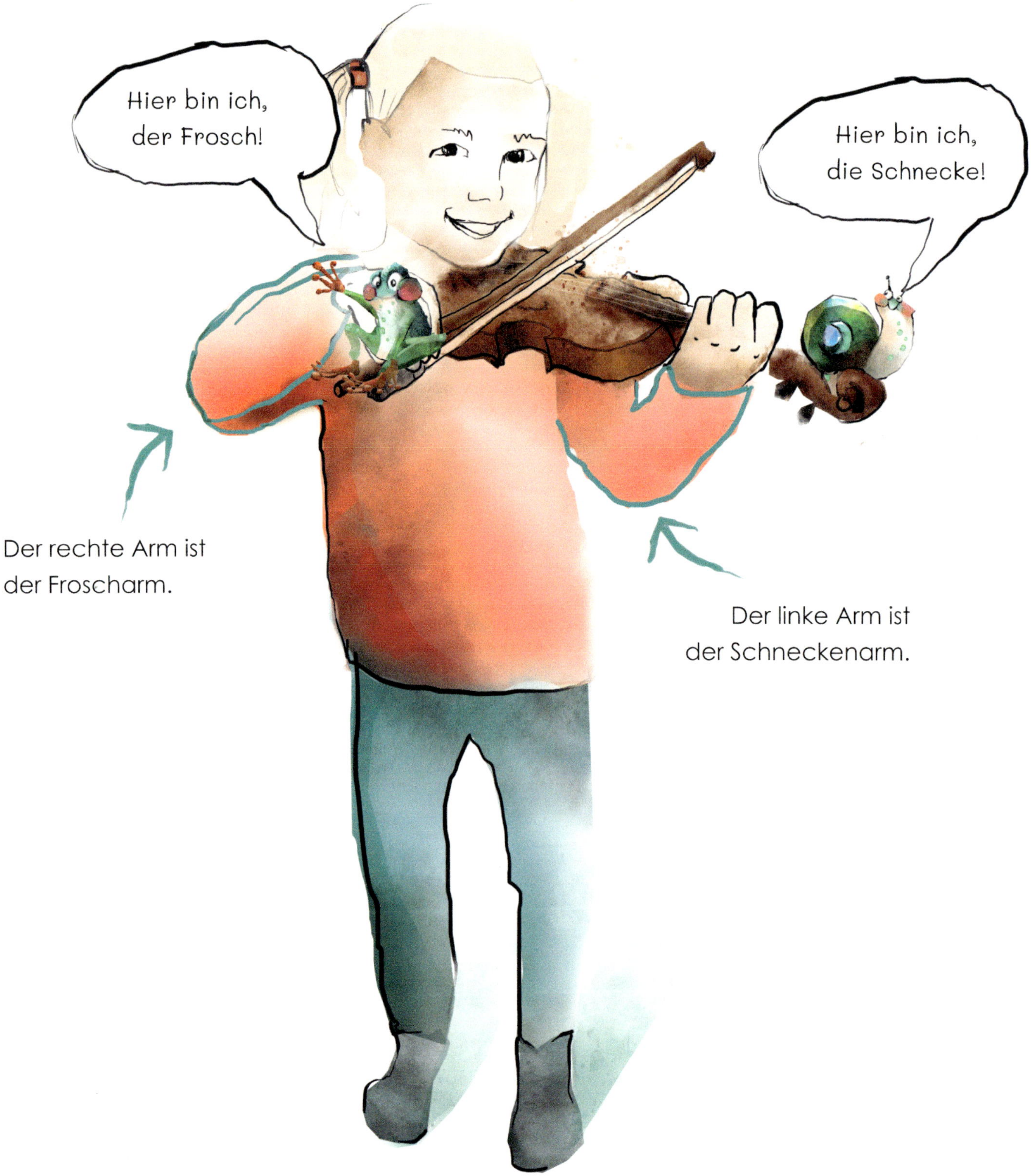

Dein Instrument

Deine Finger, deine Noten, deine Helferlein

Deine Finger:

Die Finger des Schneckenarms bekommen die Ziffern von 1 bis 4. Der Zeigefinger ist der erste Finger, der Mittelfinger ist der zweite Finger, der Ringfinger ist der dritte Finger und der kleine Finger ist der vierte Finger. Der Daumen heißt Superdaumen.

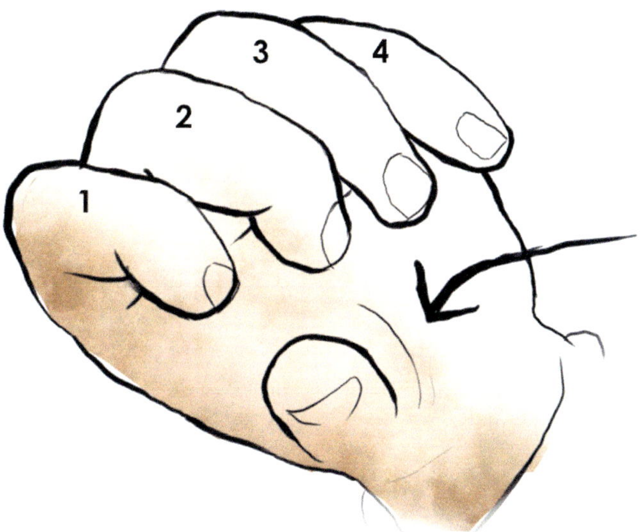

Superdaumen 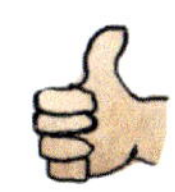

Deine Noten mit farbigen Fingersätzen (Freundelied):

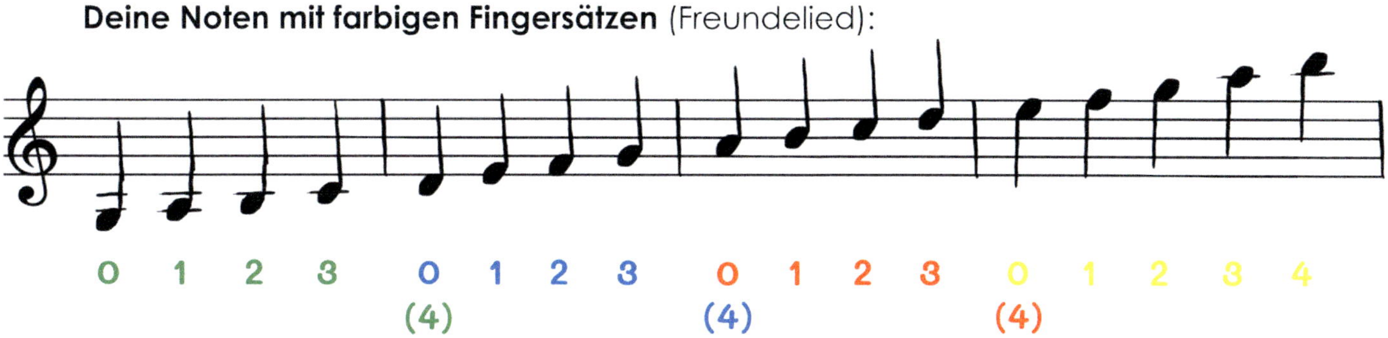

Deine Helferlein (bei Bedarf):

Bogenkorrektor

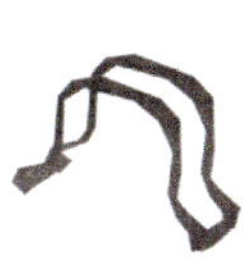

Mikrofasertuch

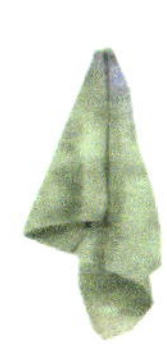

Schulterkissen

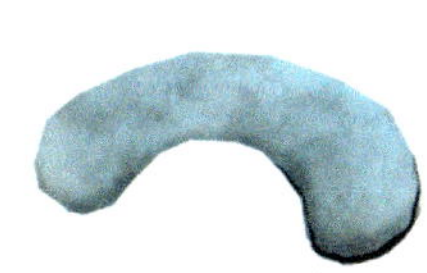

Dein Üben mit Carl Flesch

Die 3 A's: Aufstellen, Aufwärmen, Auftreten

Aufstellen

Gymnastik für den Körper ohne Instrument,
Haltungsübungen für den Schneckenarm ohne Bogen,
Haltungsübungen für den Froscharm ohne Geige

Aufwärmen

Übungen nach den Urbewegungen von Carl Flesch für
den Schneckenarm ohne Bogen,
Übungen nach den Urbewegungen von Carl Flesch für
den Froscharm ohne Geige

Auftreten

Anwendungen der Übungen in Auftrittsstücken auf
leeren Saiten, Schneckenarm und Froscharm
gemeinsam mit Playback

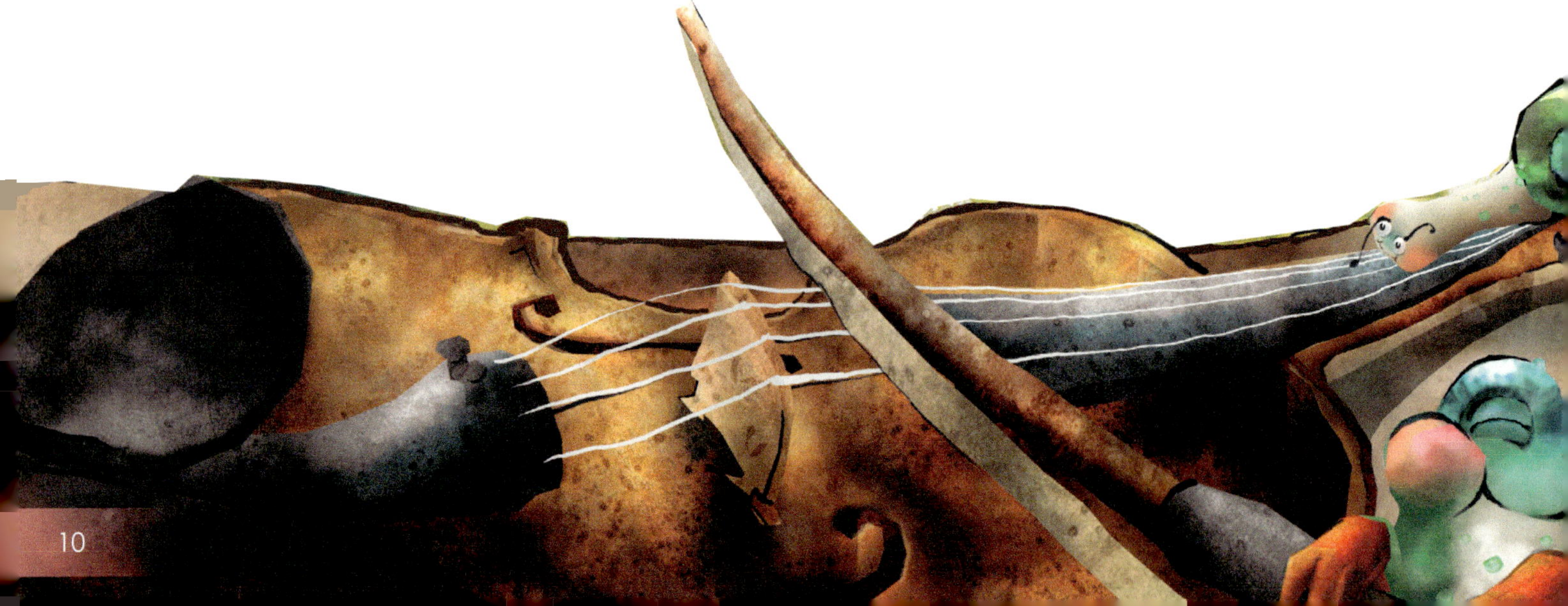

Dein Üben mit Carl Flesch

Lektion 1

Aufstellen

Gymnastik zum Lockerwerden

Recken und Strecken
Katzenbuckel
Schultern hochziehen und fallen lassen

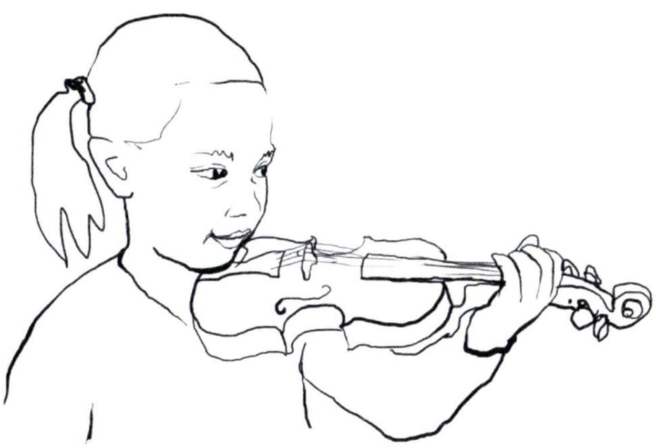

Haltung der Geige:

Du stehst locker, gerade und schulterbreit. Die Geige liegt auf deinem linken Schlüsselbein. Wende deinen Kopf leicht nach links und lege ihn angenehm auf dem Kinnhalter ab. Der Superdaumen zeigt nach oben und befindet sich gegenüber des Zeige- und Mittelfingers.

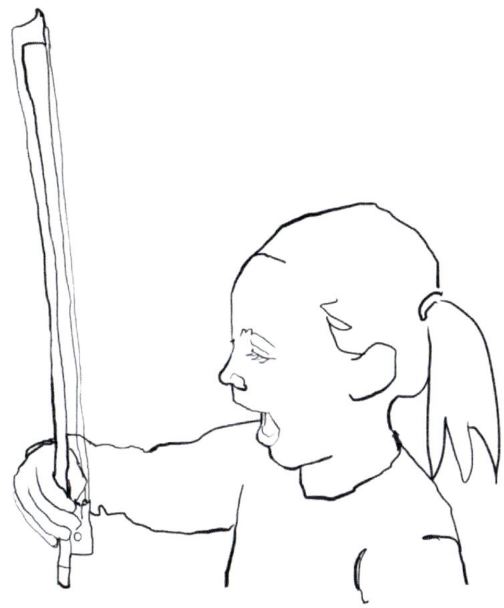

Haltung des Bogens:

Greife den Bogen mit Daumen, Mittelfinger und Ringfinger. Das ist dein Zentrum. Lege den Zeigefinger um die Bogenstange. Der kleine Finger sitzt als einziger auf der Bogenstange!

Lektion 1
Video / Playback

Dein Üben mit Carl Flesch

Lektion 1

Aufwärmen

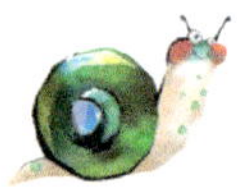

Schneckenumarmung

Umgreife mit der linken Hand den Geigenhals.
Danach krümme alle vier Finger locker über der G-Saite.
Setze sie anschließend gleichzeitig rund auf.
Achte auf deinen Superdaumen.

Sprich dazu: „Finger drum, Finger krumm, Finger drauf, fertig!"

Führe die Übung anschließend auch auf der D-, A- und E-Saite aus.

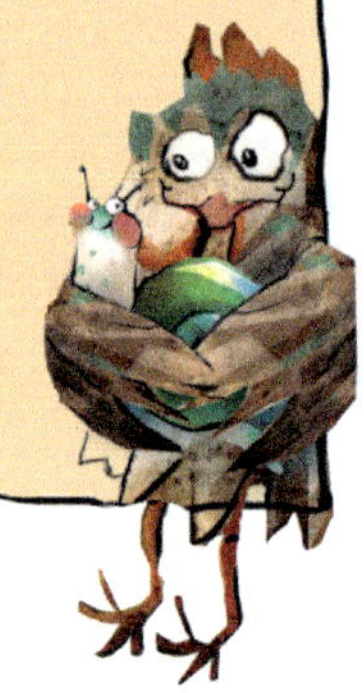

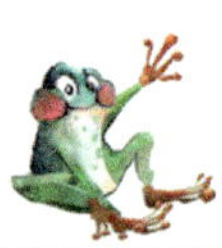

Froschleiter

Halte deinen Bogen senkrecht vor das Gesicht, so dass du die Bogenhaare anschauen kannst.
Du bildest dein Zentrum mit der rechten Hand.
Führe den Bogen senkrecht nach oben und wieder runter.

Sprich dazu: „Hoch und runter, hoch und runter!"

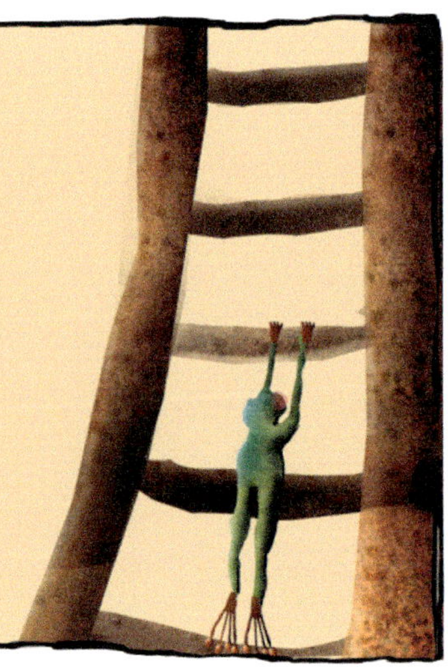

Dein Üben mit Carl Flesch

Lektion 1

Auftreten

Schneckenumarmung

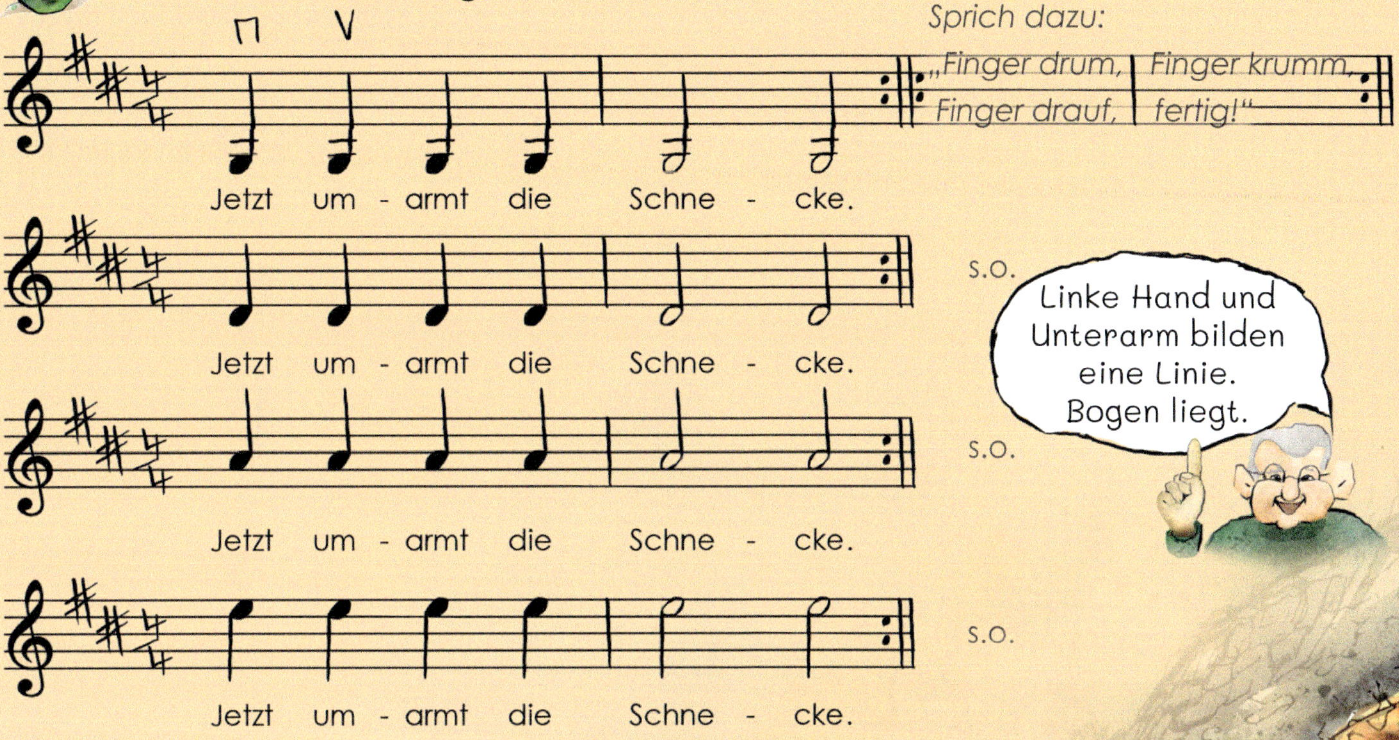

Froschleiter

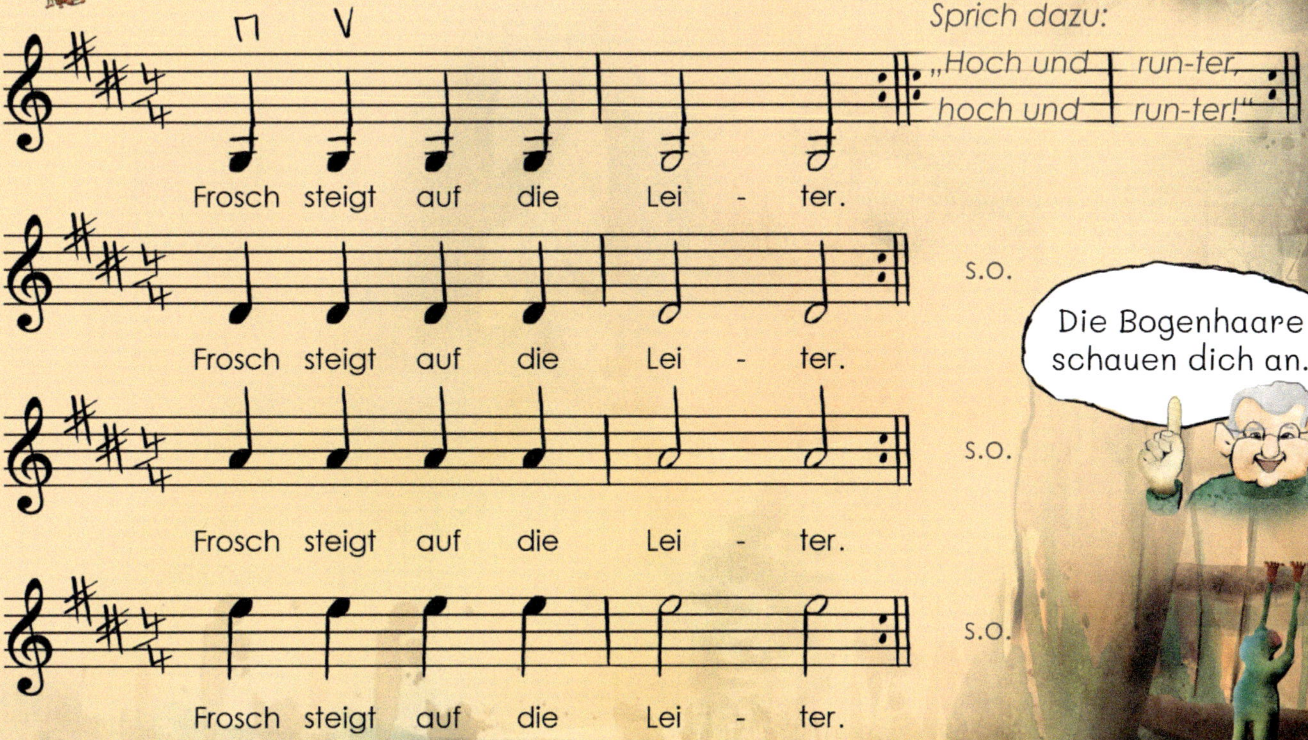

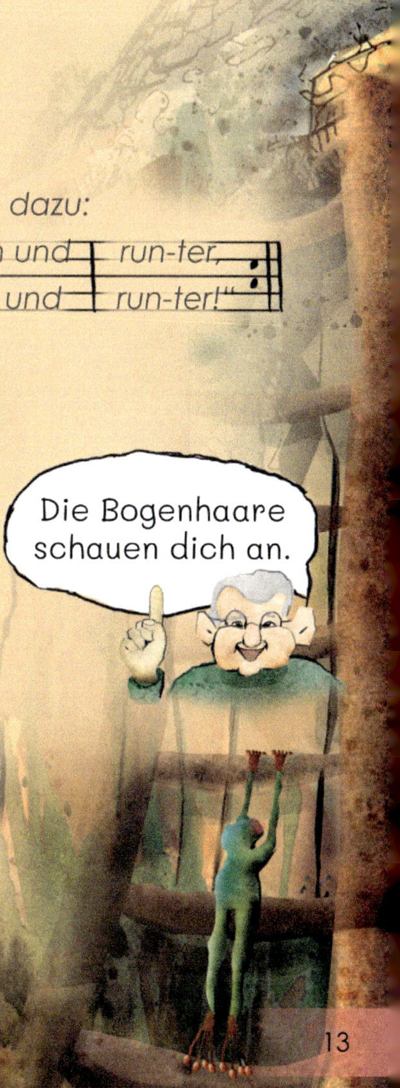

Lektion 2

Aufstellen

Gymnastik zum Lockerwerden

Recken und Strecken
Katzenbuckel
Schultern hochziehen und fallen lassen

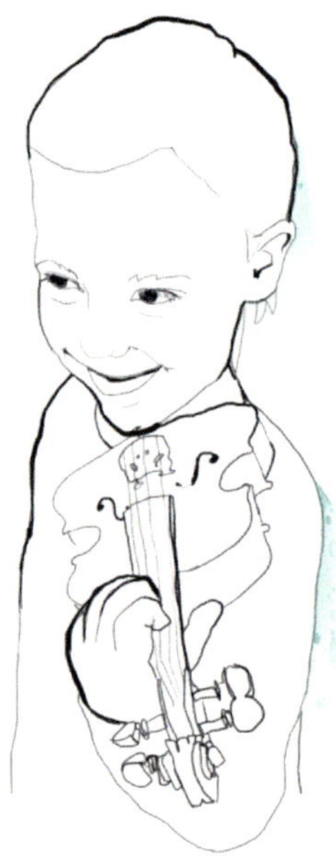

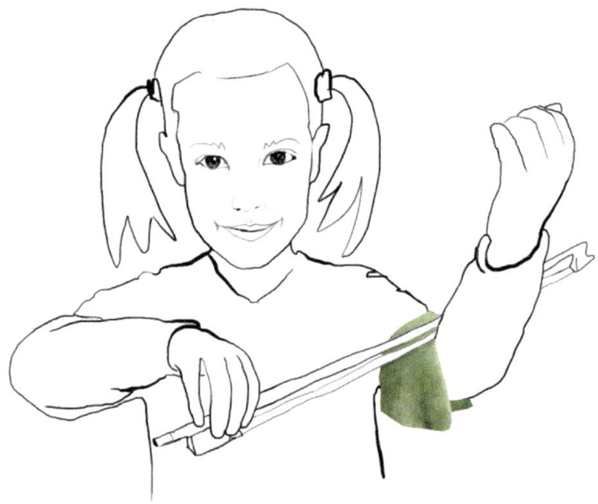

Geige und Wandern:

Stelle dich mit der Geige vor eine Wand, so dass Schulterblätter und Fersen die Wand berühren. Dabei werden die Schulterblätter geöffnet. Gehe in dieser Haltung durch den Raum.

Bogen und Wandern:

Bilde deinen Bogengriff, lege den Bogen in der linken Armbeuge ab und gehe durch den Raum.

Lektion 2
Video / Playback

Lektion 2

Aufwärmen

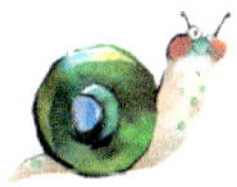

Schneckenpatsche

Patsche mit allen vier Fingern auf einen Tisch.
Dann patsche mit dem 1. bis 3. Finger, nun mit 1. und 2. Finger und schließlich nur mit dem 1. Finger und wieder zurück.
Mache die Übung anschließend auf dem Griffbrett.

Sprich dazu: „Pat-sche, Pat-sche, Pat-sche, Pat-sche!“

Führe die Übung nacheinander auf allen Saiten aus.

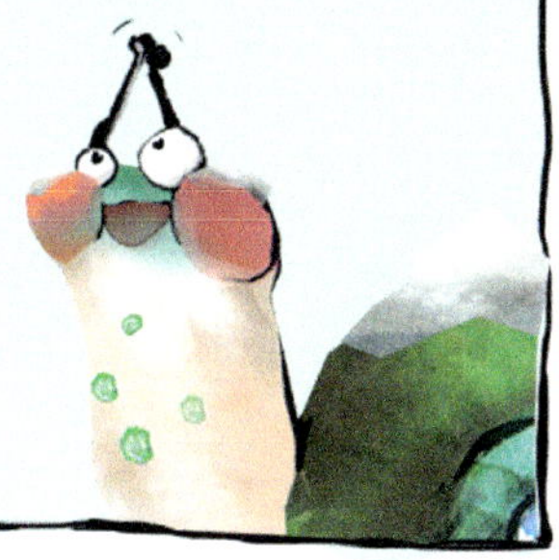

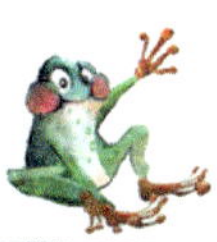

Froschknete

Bilde das Zentrum ohne Bogen.
Krümme und strecke mit einer Knetbewegung die Finger.
Jetzt übe die Froschknete mit einem Stift und dann mit dem Bogen.

Sprich dazu: „Kne-te, Kne-te, Kne-te, Kne-te!“

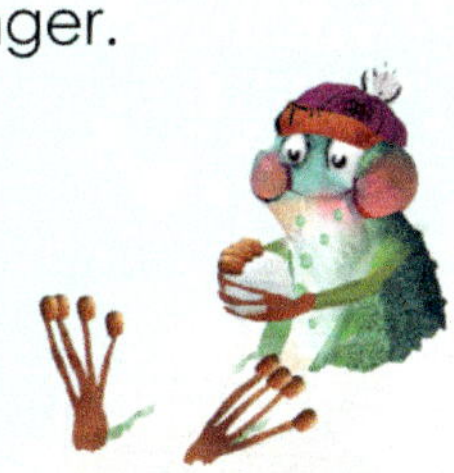

mit Playback

Dein Üben mit Carl Flesch

Lektion 2

Auftreten

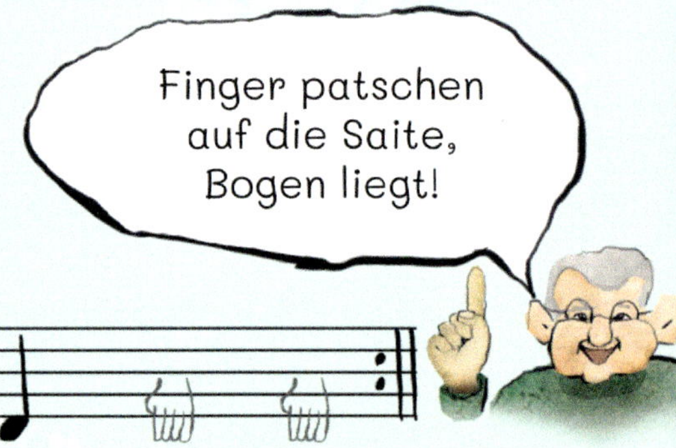

Schneckenpatsche

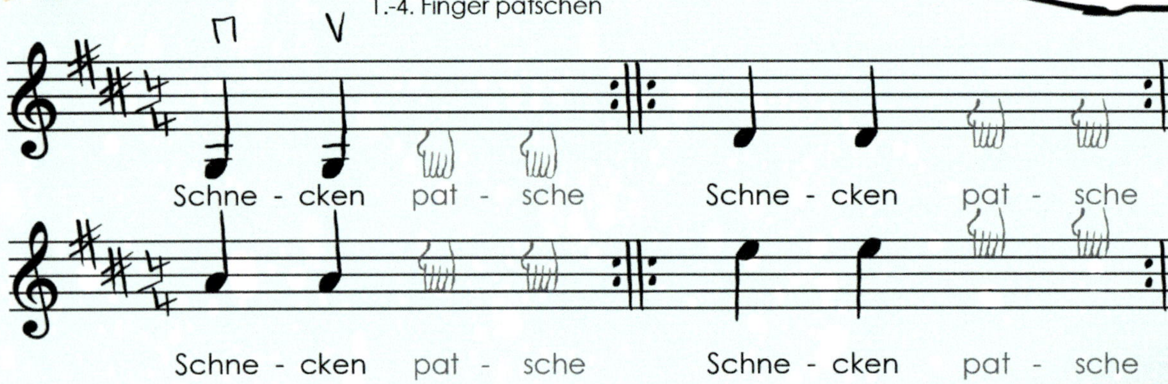

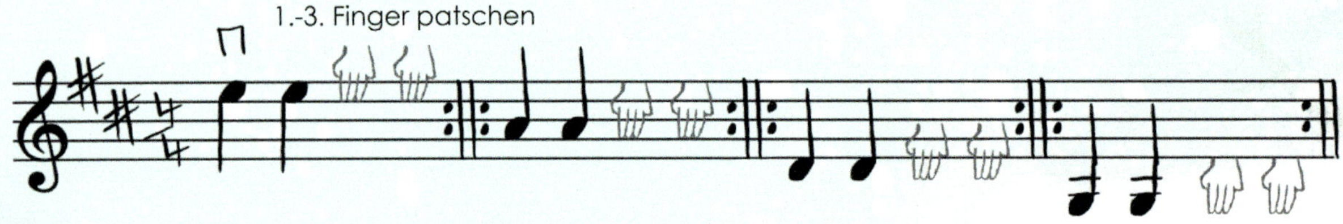

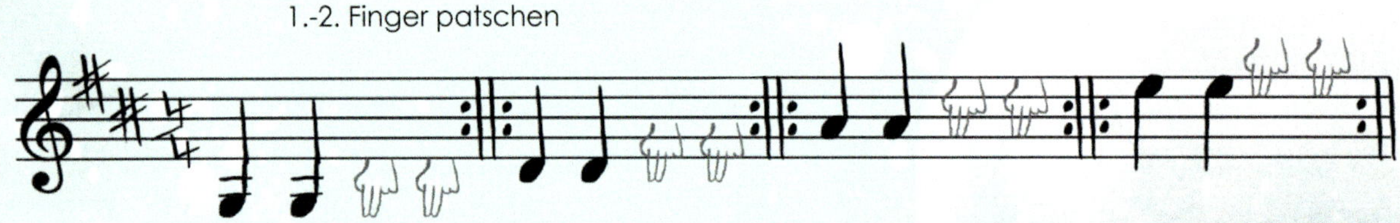

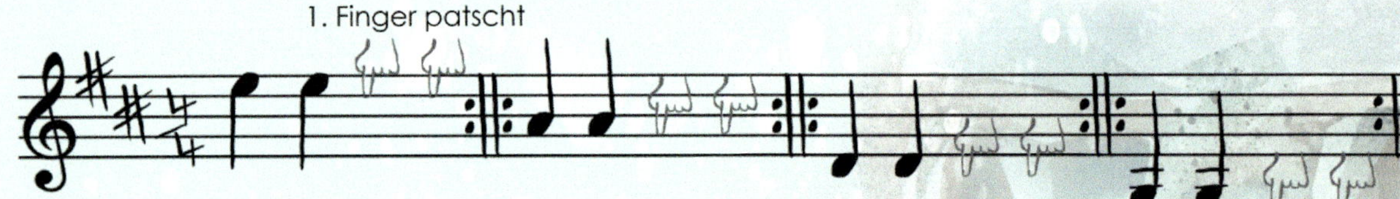

Froschknete

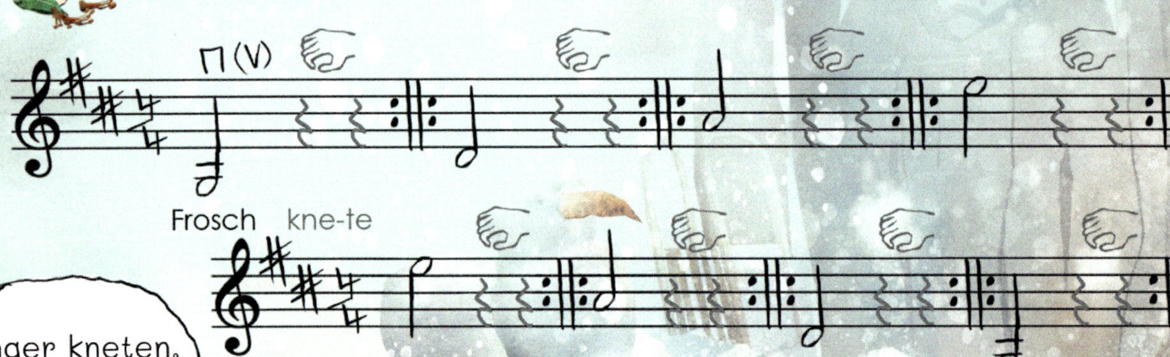

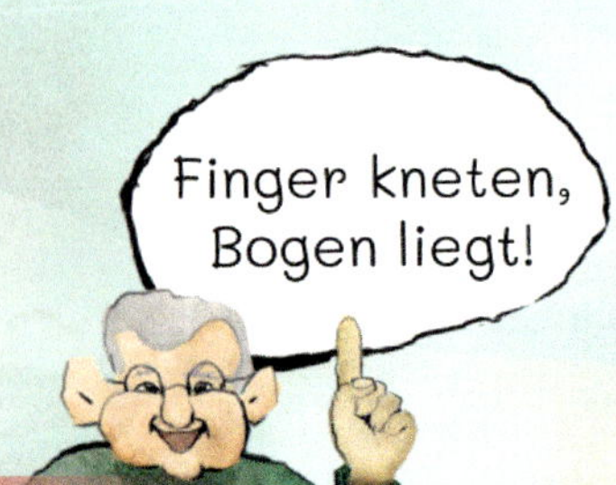

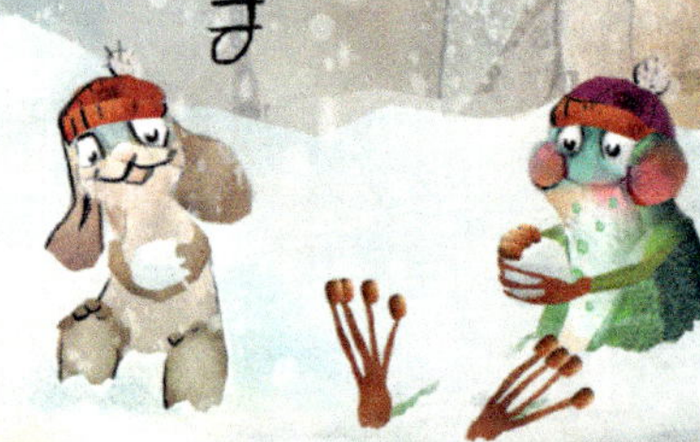

Dein Üben mit Carl Flesch

Lektion 3

Aufstellen

Gymnastik zum Lockerwerden

Recken und Strecken
Katzenbuckel
Schultern hochziehen und fallen lassen

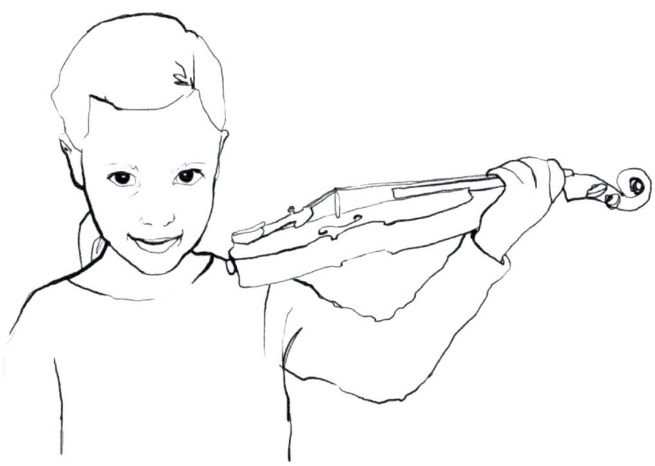

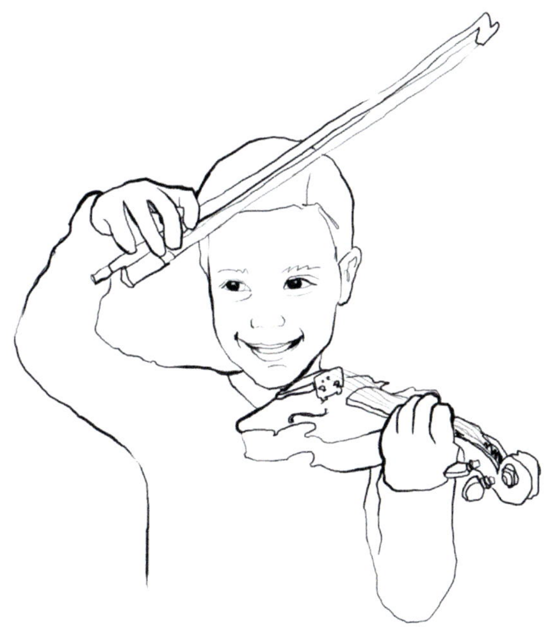

Halbkreis-Geige:

Lege deine Geige in einer halbkreisförmigen Bewegung von oben auf dein Schlüsselbein.

Regen-Bogen:

Lege deinen Bogen in einer halbkreisförmigen Bewegung auf die Saiten.

Lektion 3
Video / Playback

Dein Üben mit Carl Flesch

Lektion 3

Aufwärmen

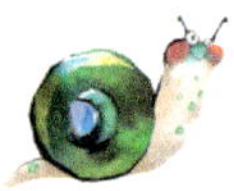

Schneckentanz

Lasse alle vier Finger auf der G-Saite tanzen.
Mal unten, mal oben am Geigenhals.
Die Finger mal eng, mal weit.

Sprich dazu: „Tan-zen, tan-zen, tan-zen, tan-zen!“

Führe die Übung anschließend auch auf der
D-, A- und E-Saite aus.

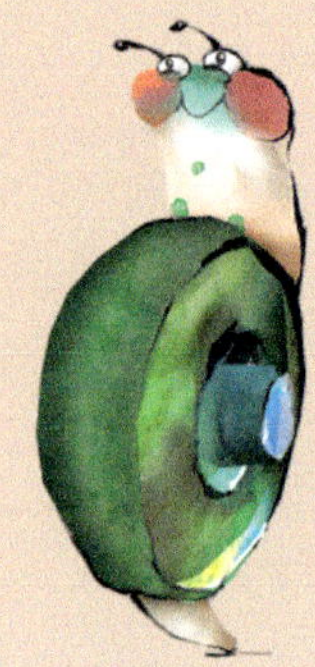

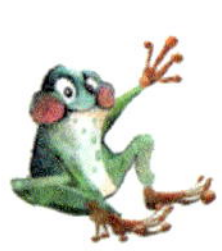

Froschwippe

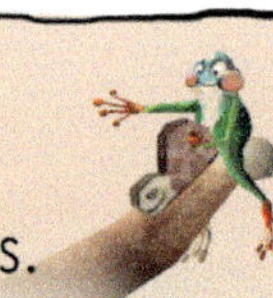

Der Bogen liegt in der linken Armbeuge des Schneckenarms.
Finde deine individuelle Bogenmitte: Unteram und Oberarm bilden einen rechten Winkel.
Lass den Bogen über den linken Arm wippen.

Sprich dazu: „Wip-pen, wip-pen, wip-pen, wip-pen!“

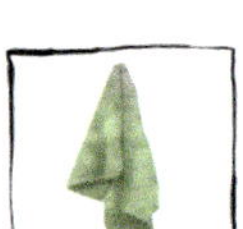

Tuch in die Armbeuge legen

Dein Üben mit Carl Flesch

Lektion 3

mit Playback

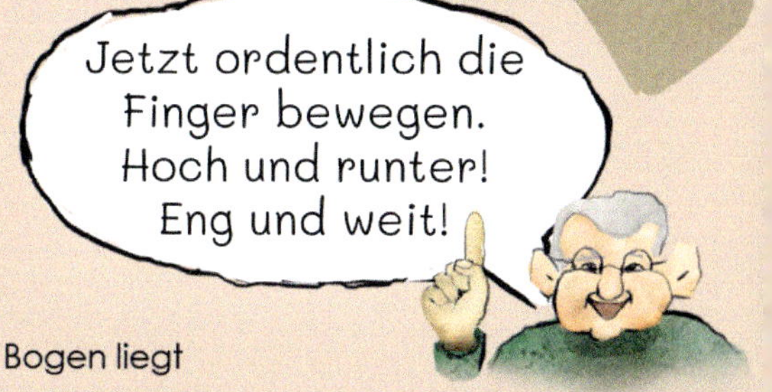

Auftreten

Schneckentanz

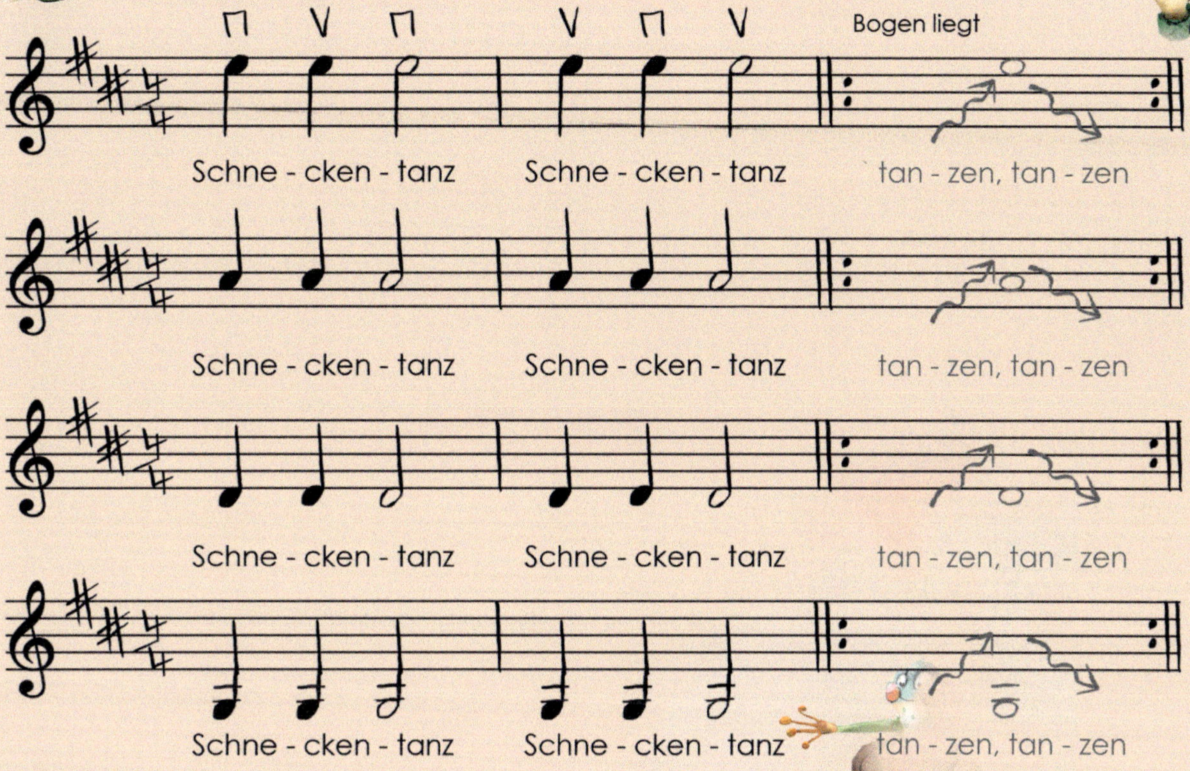

Froschwippe

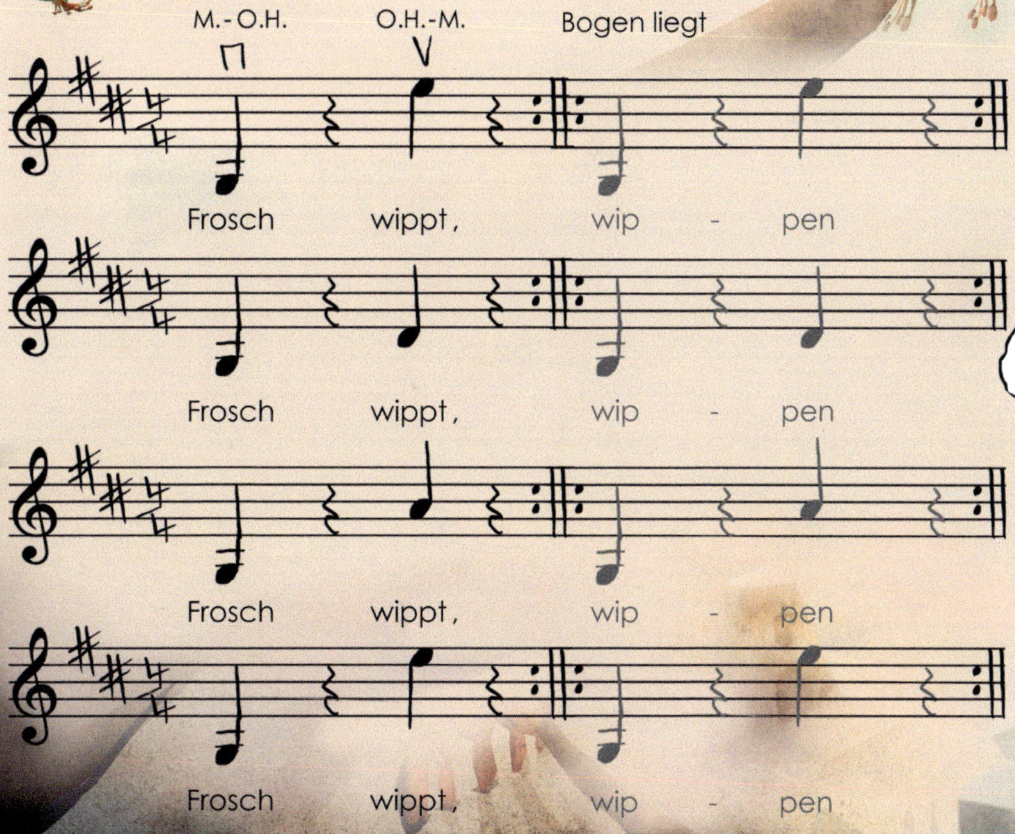

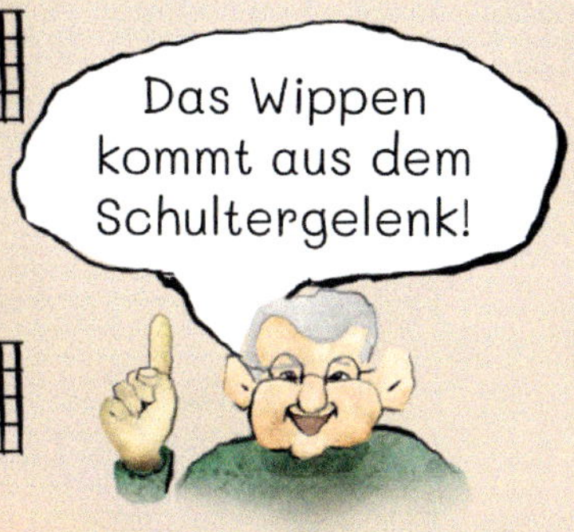

Lektion 4

Aufstellen

Gymnastik zum Lockerwerden

Recken und Strecken
Katzenbuckel
Schultern hochziehen und fallen lassen

Oberkörperdrehen:

Du drehst den Oberkörper nach links und rechts mit festem Stand und nimmst die Arme mit.

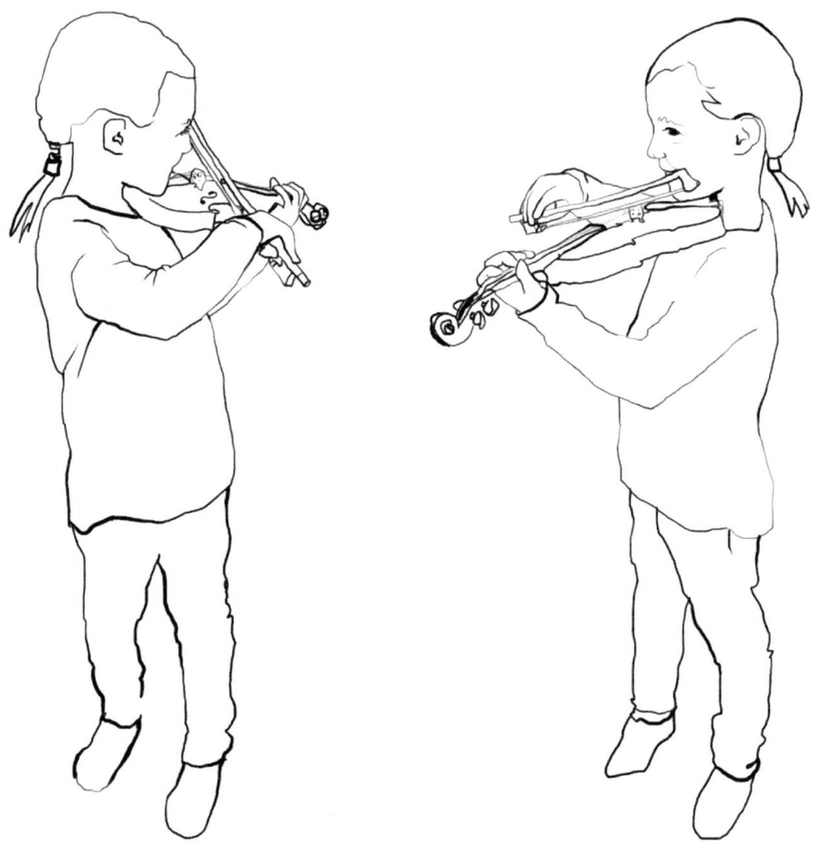

Oberkörperdrehen mit Geige und Bogen:

Du nimmst deine Geigen- und Bogenhaltung ein und drehst den Oberkörper nach links und rechts.

Lektion 4
Video / Playback

Lektion 4

Aufwärmen

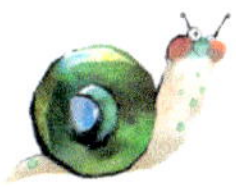

Schneckendaumentanz

Lasse den Superdaumen vor und zurück tanzen.

Sprich dazu: „Und rück und vor und rück und vor!“

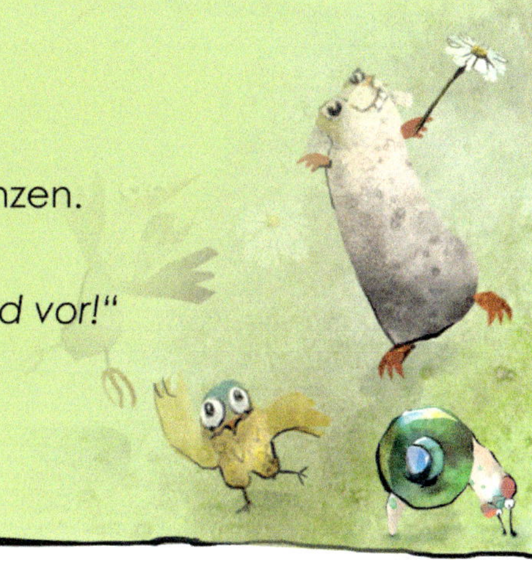

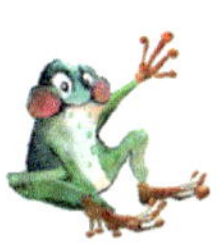

Froschküsschen

Der Bogen liegt in der linken Armbeuge.
Beim Aufstrich bewegt sich das rechte Handgelenk in Richtung Nase. Der Kopf bewegt sich nicht.

Sprich dazu: „Küss-chen , Küss-chen “

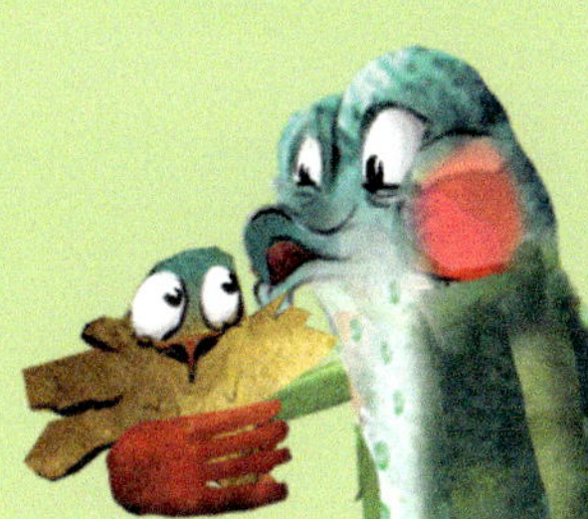

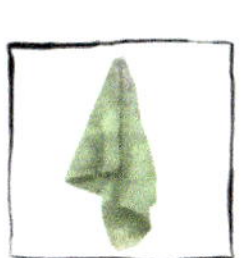

Tuch in die Armbeuge legen

mit Playback

Dein Üben mit Carl Flesch

Lektion 4

Auftreten

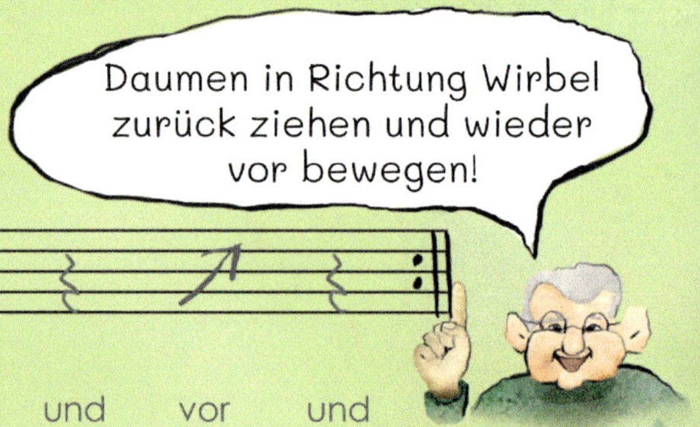

Schneckendaumentanz

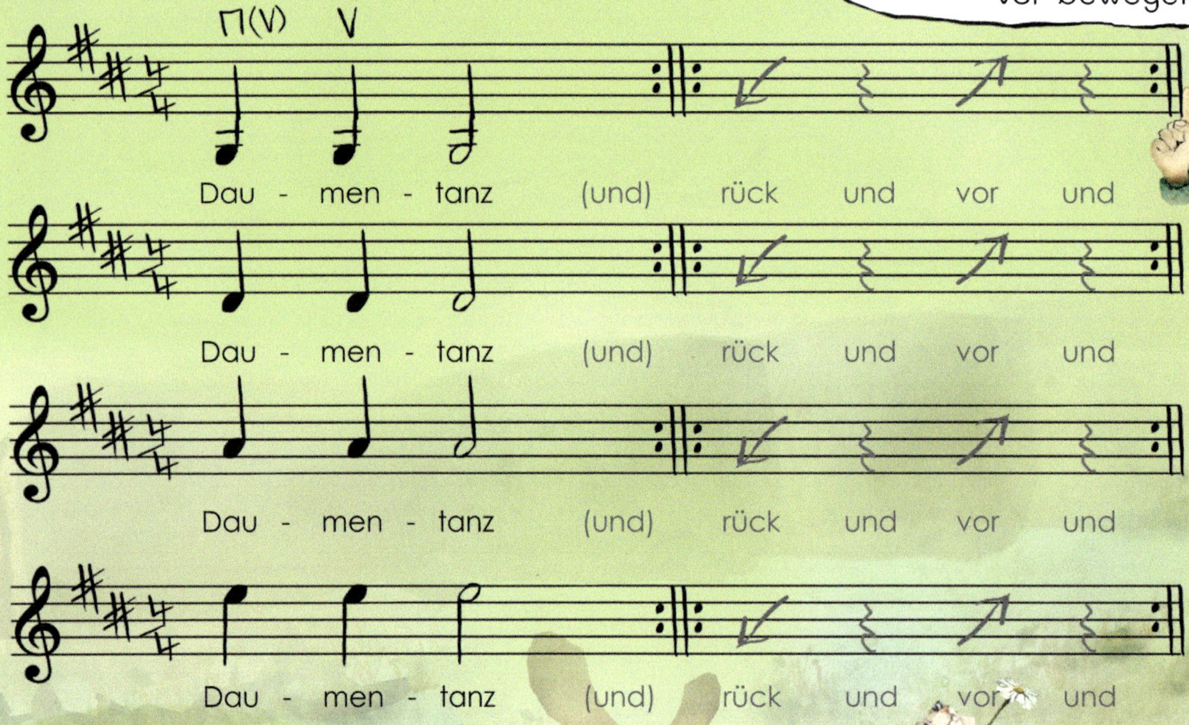

Froschküsschen

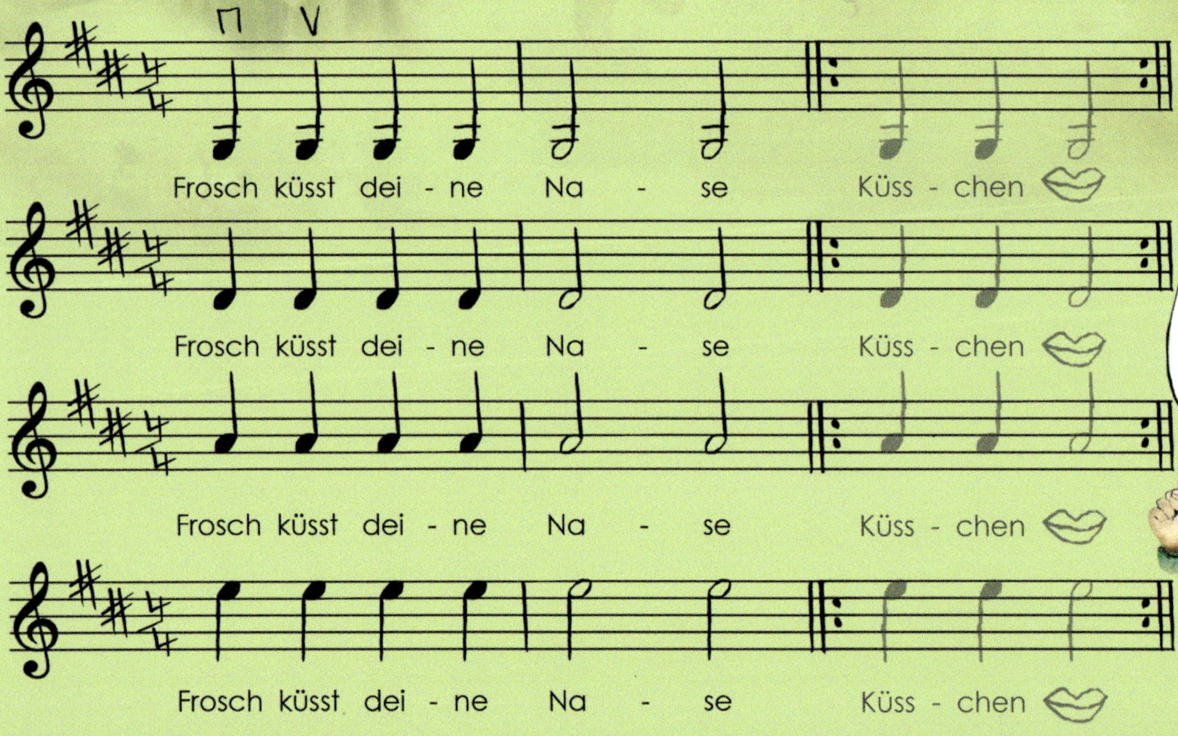

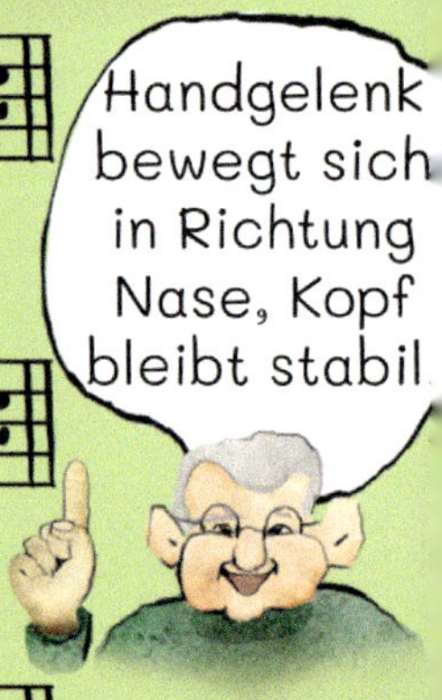

Dein Üben mit Carl Flesch

Lektion 5

Aufstellen

Gymnastik zum Lockerwerden

Recken und Strecken
Katzenbuckel
Schultern hochziehen und fallen lassen

Spiegel:

Stelle dich vor einem Spiegel auf und kontrolliere deine Haltung im Spiegelbild von Kopf bis Fuß.

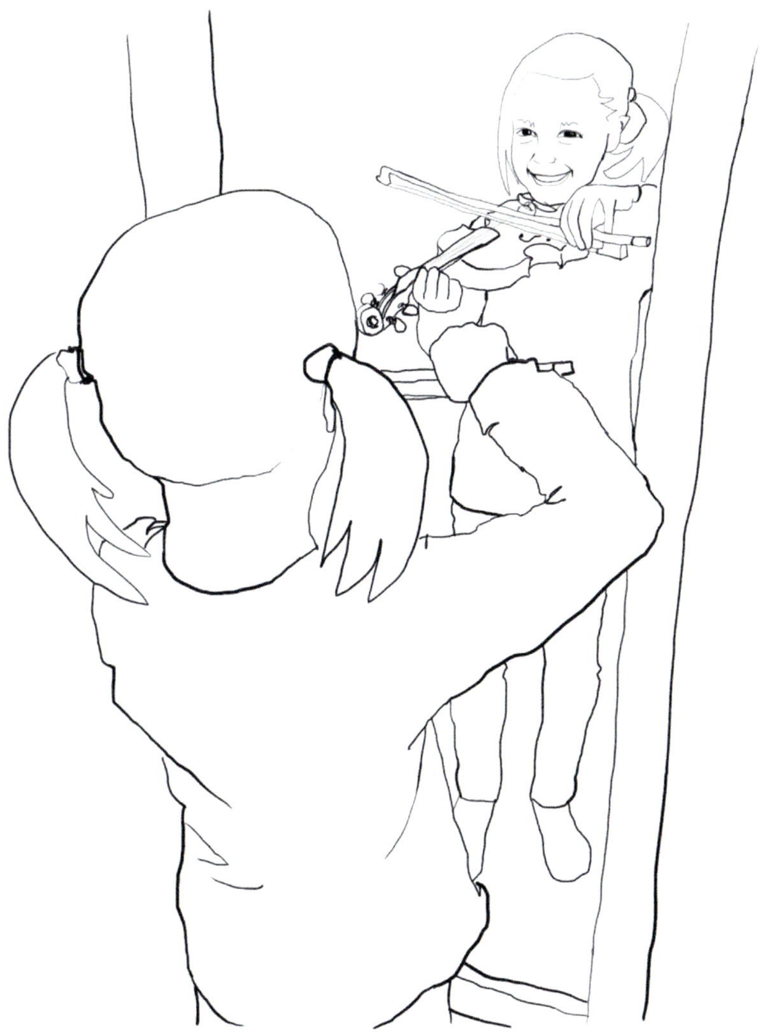

Lektion 5
Video / Playback

Dein Üben mit Carl Flesch

Lektion 5

Aufwärmen

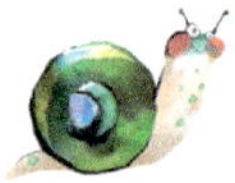

Schneckenrutsche

Lege alle vier Finger locker auf die G-Saite.
Der Unterarm bewegt die Hand am Geigenhals hoch und runter.

Sprich dazu: „Hoch und run-ter, hoch und run-ter!"

Führe die Übung anschließend auch auf der
D-, A- und E-Saite aus.

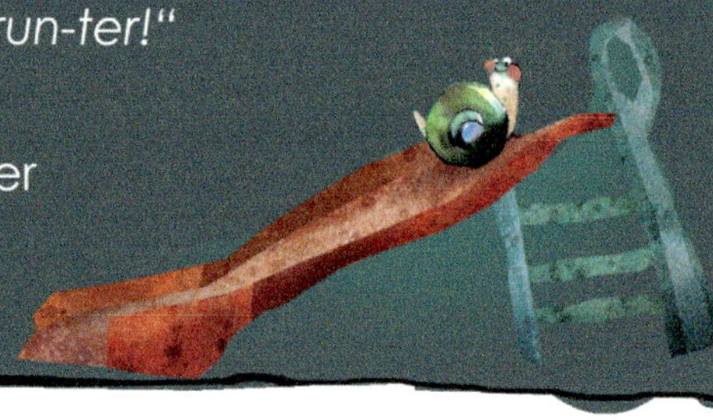

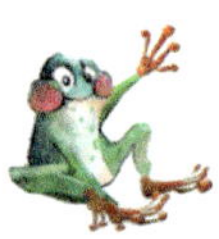

Froschschenkel

Der Bogen liegt in der Armbeuge des Schneckenarms. Streiche vom Frosch bis zur Mitte (Oberarmstrich u.H.) und von der Mitte bis zur Spitze (Unterarmstrich o.H.) und wieder zurück.

Sprich dazu: „Luf-tig, luf-tig, luf-tig, luf-tig!"

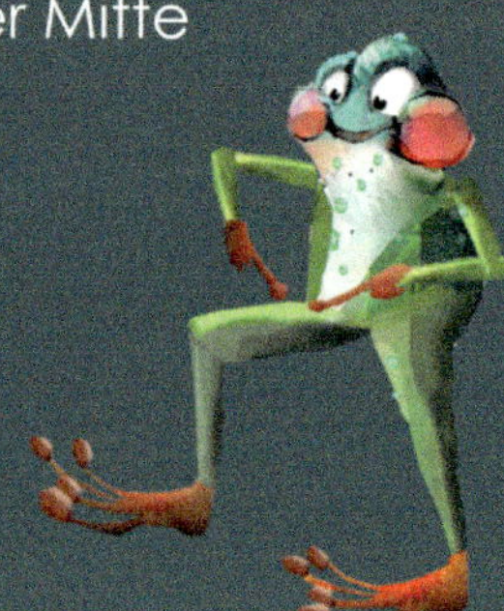

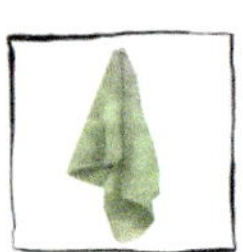

Tuch in die Armbeuge legen

Dein Üben mit Carl Flesch

Lektion 5

mit Playback

Auftreten

Schneckenrutsche

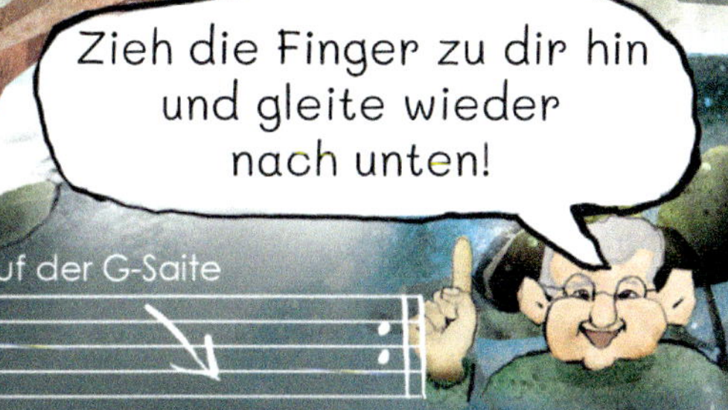

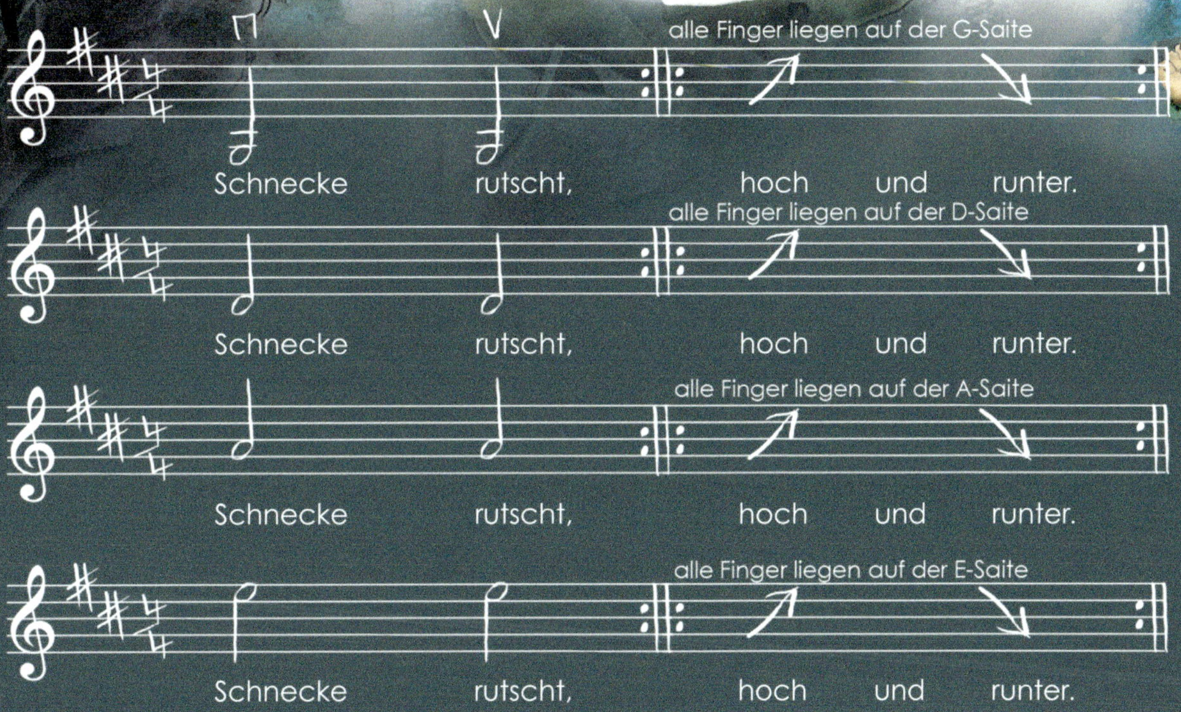

Froschschenkel

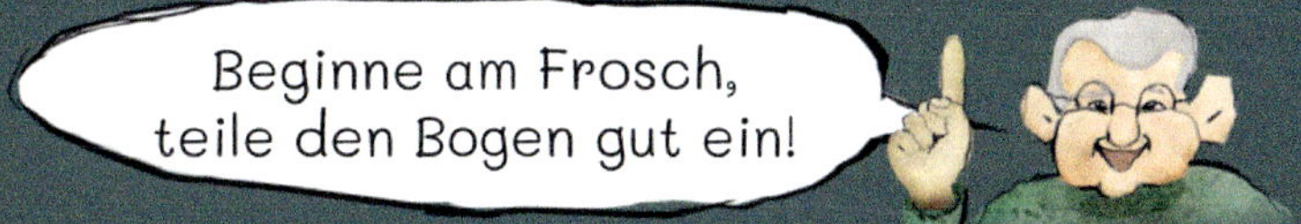

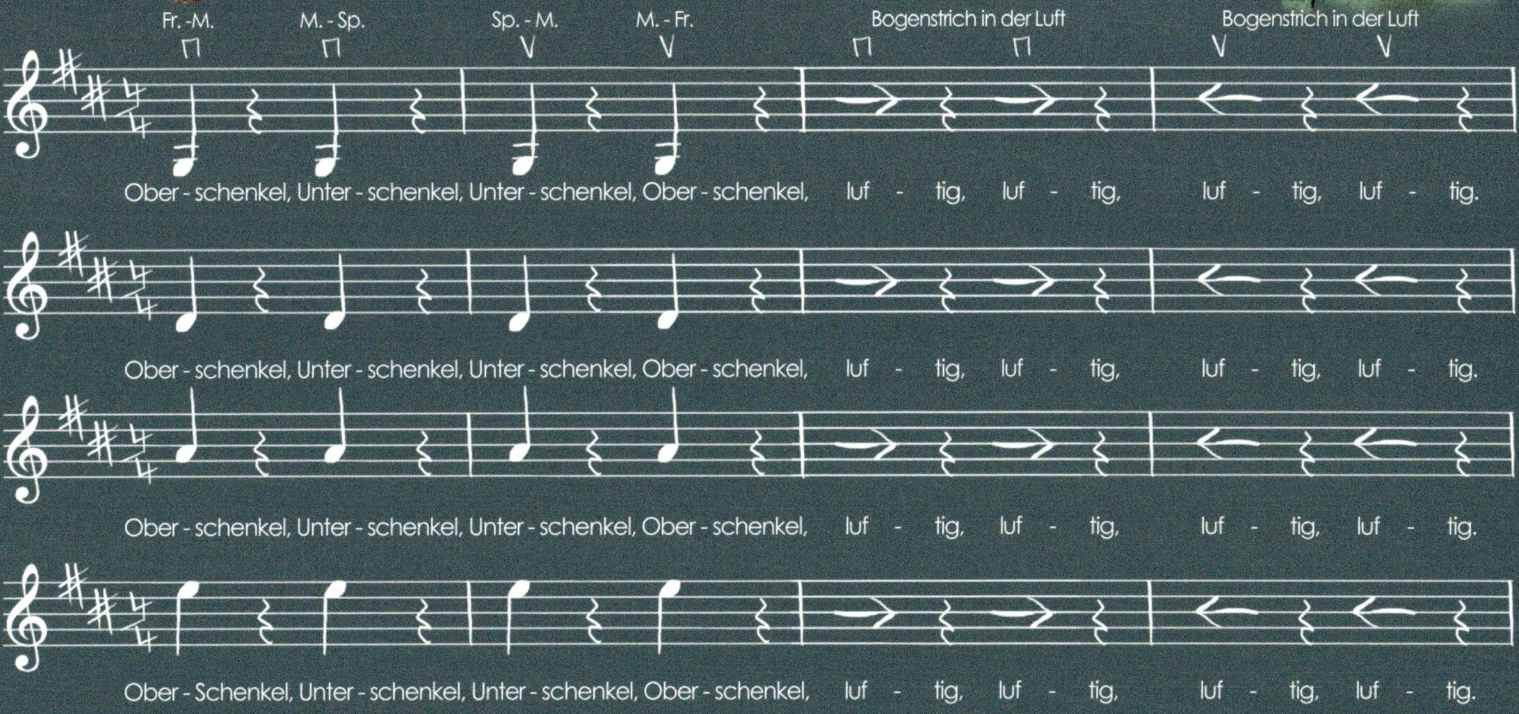

Dein Freundelied

Freundelied mit Schnecke und Frosch

Nicht vergessen!

Aufstellen	Kontrolliere deine Haltung!
Aufwärmen	Mache ein paar Übungen vom Poster!
Auftreten	Freundelied mit Schnecke und Frosch Suche dir aus: 𝄞 leicht 𝄞𝄞 mittel 𝄞𝄞𝄞 schwer

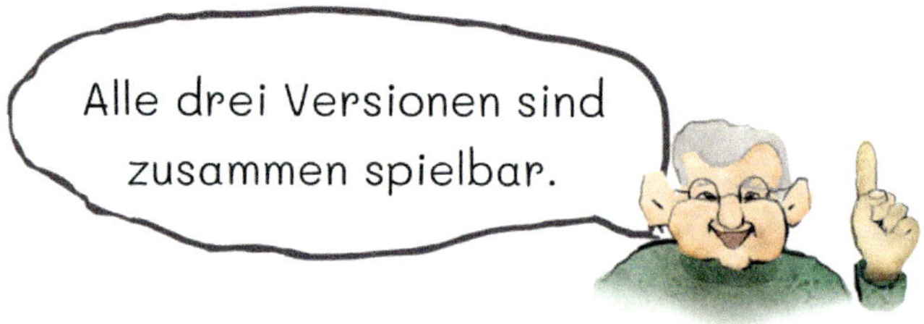

Dein Freundelied

Freundelied mit Schnecke und Frosch

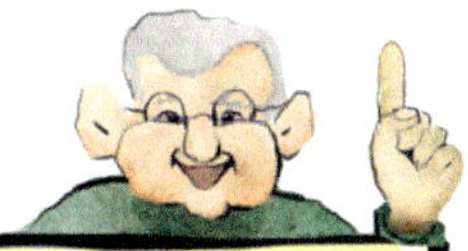

Übehinweis:

Wenn du in deinem Stück schwierige Stellen erkannt hast, markiere sie mit einem Kreis O. Dann setzt du ein Kreuz X an den Rand der Zeile, in der du eingekreist hast. Wenn du mehrere schwierige Stellen eingekreist hast, nummeriere die entsprechenden Kreuze mit X1, X2...

O = schwierige Stelle einkreisen

X = eingekreiste Stelle am Ende der Notenzeile mit einem Kreuz markieren

Schnecke und Frosch zeigen es dir an den ersten Takten des Freundelieds:

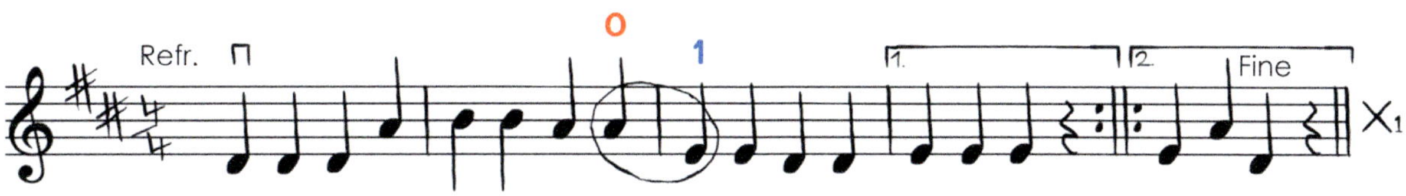

Die Stellen mit den Kreisen übst du einzeln und wiederholst sie mehrmals.
Danach übst du sie im Zusammenhang.
Die Übesymbole O und X kannst du für alle Stücke anwenden.

mit Playback

Dein Freundelied

leicht

Auftreten

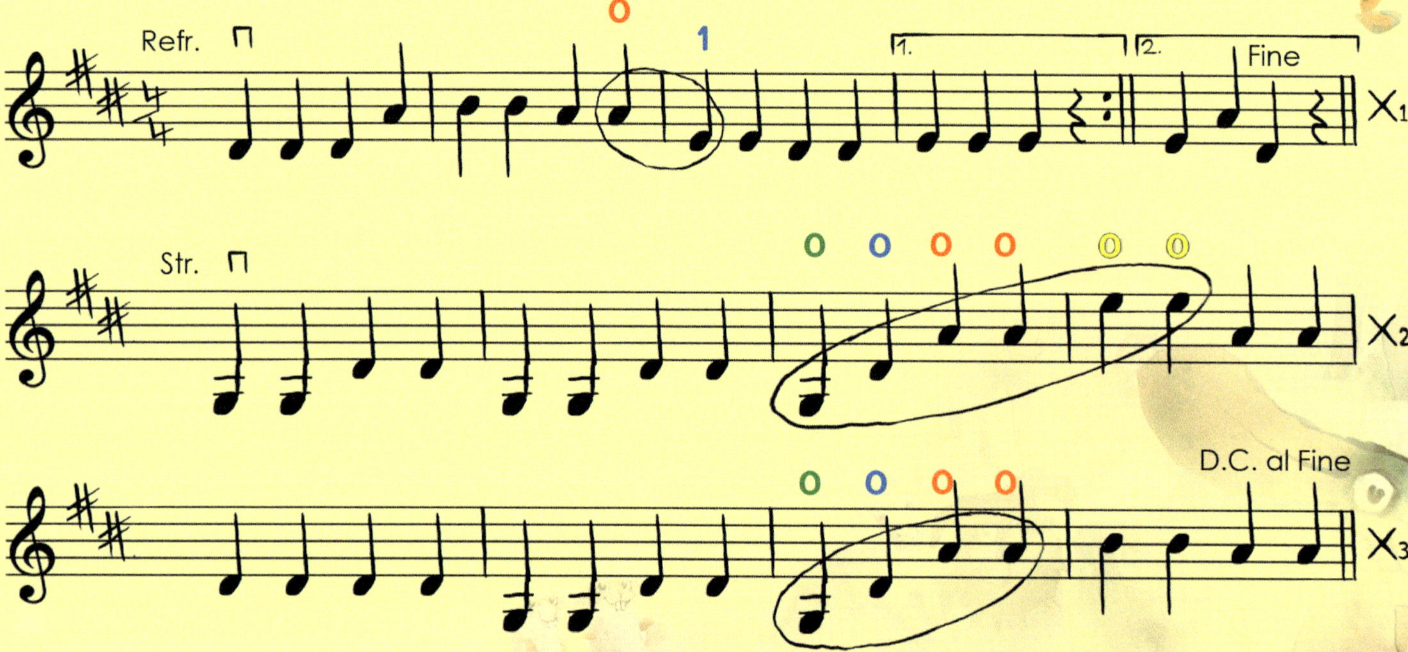

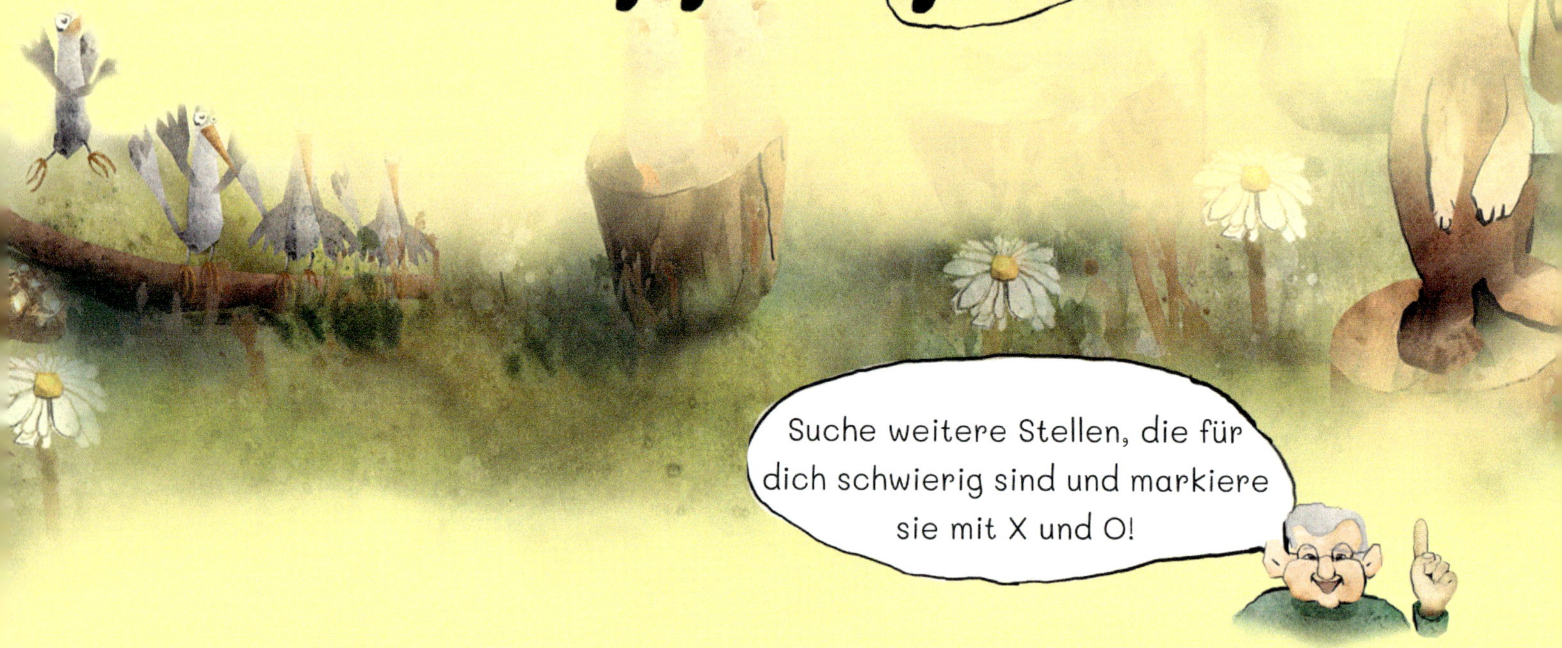

X1 Denke an die Froschwippe beim Saitenwechsel und an die Schneckenpatsche beim Aufsetzen des 1. Fingers.

X2 Denke an die Froschwippe über alle vier Saiten.

X3 Denke an die Froschwippe über drei Saiten.

Dein Freundelied

mittel

mit Playback

Auftreten

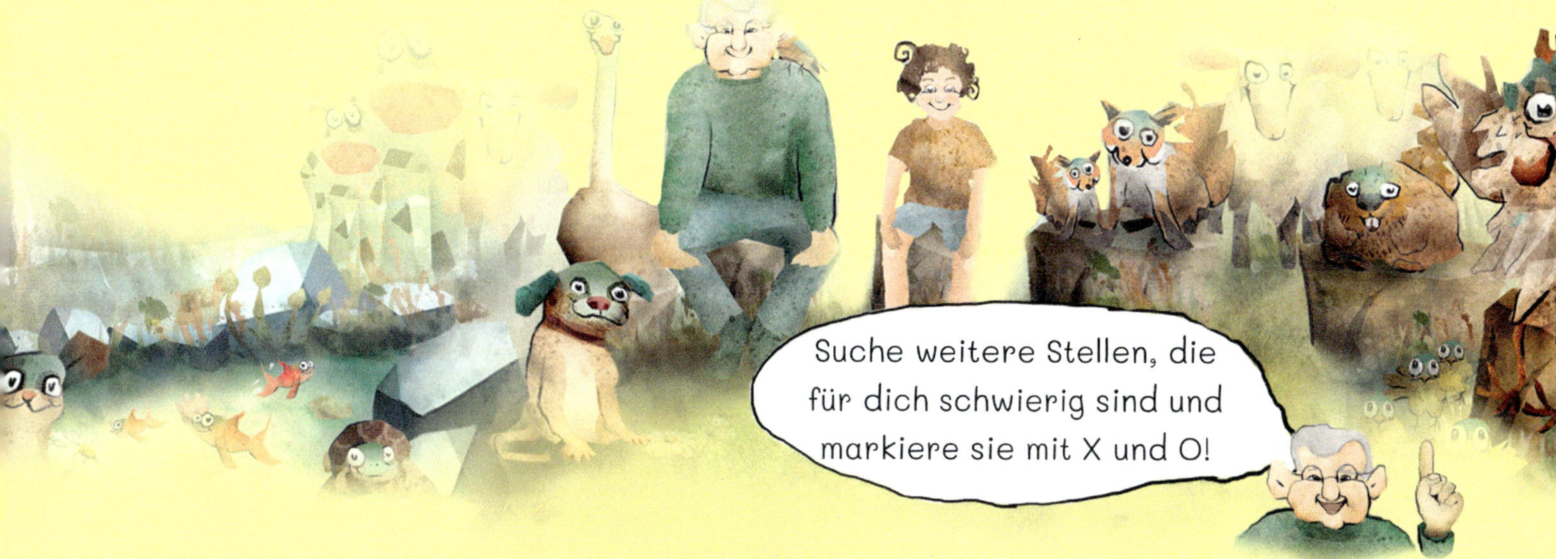

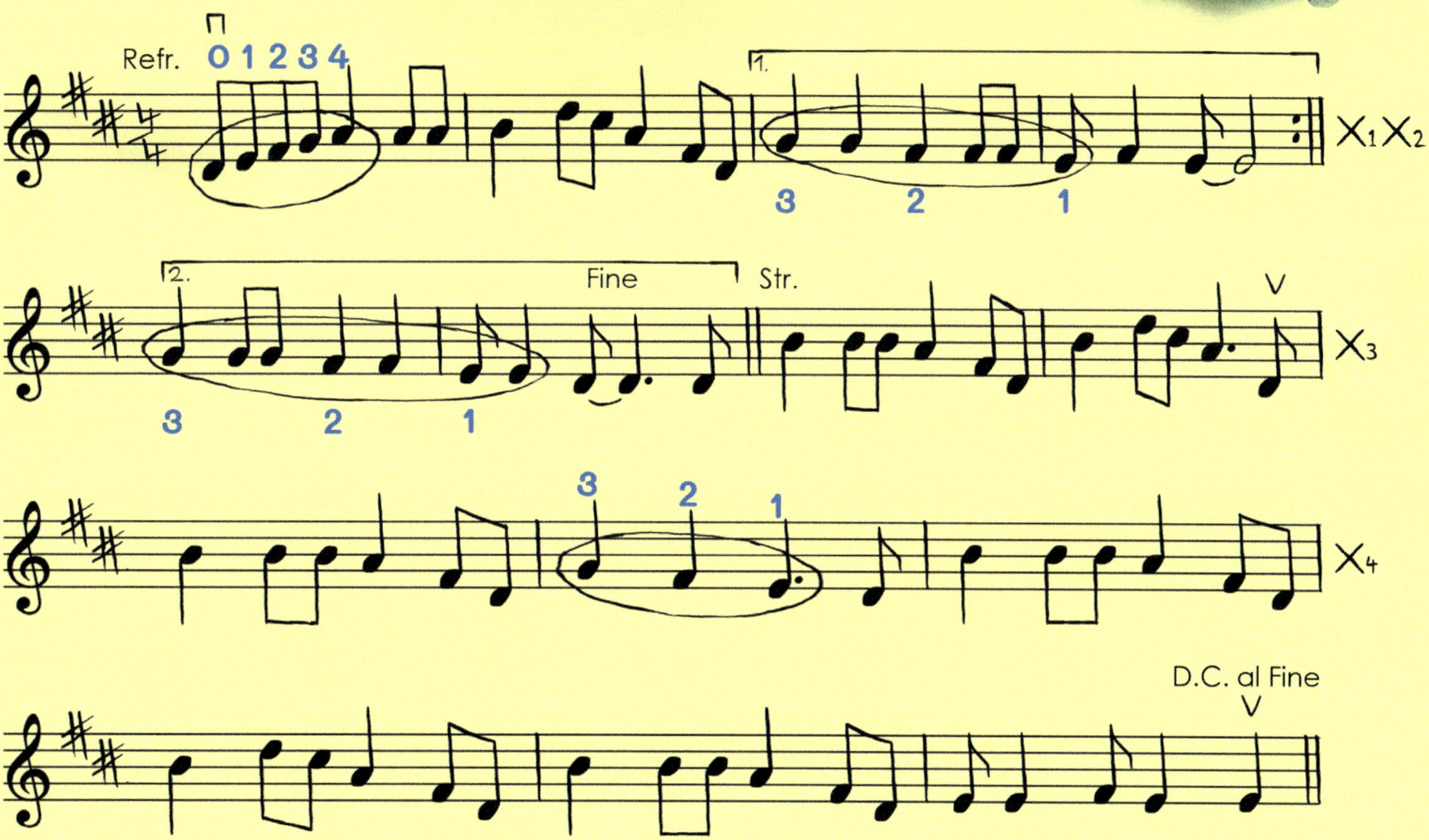

X_1 Denke an die Froschleiter und starte mit einem lockeren Handgelenk rechts.

X_{2-4} Denke an die Schneckenpatsche und setze die Finger gleichzeitig auf.

mit Playback

Dein Freundelied

schwer

Auftreten

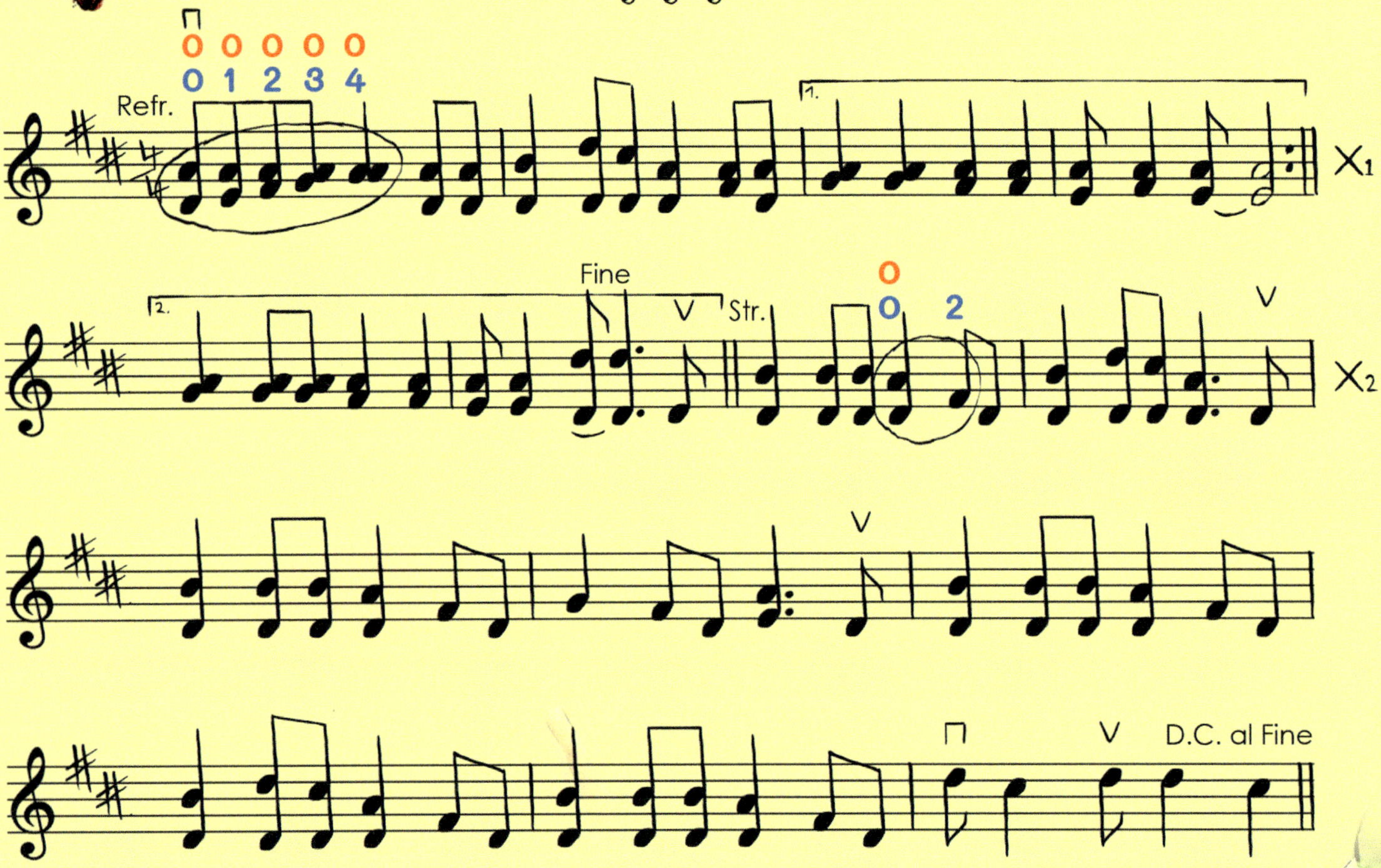

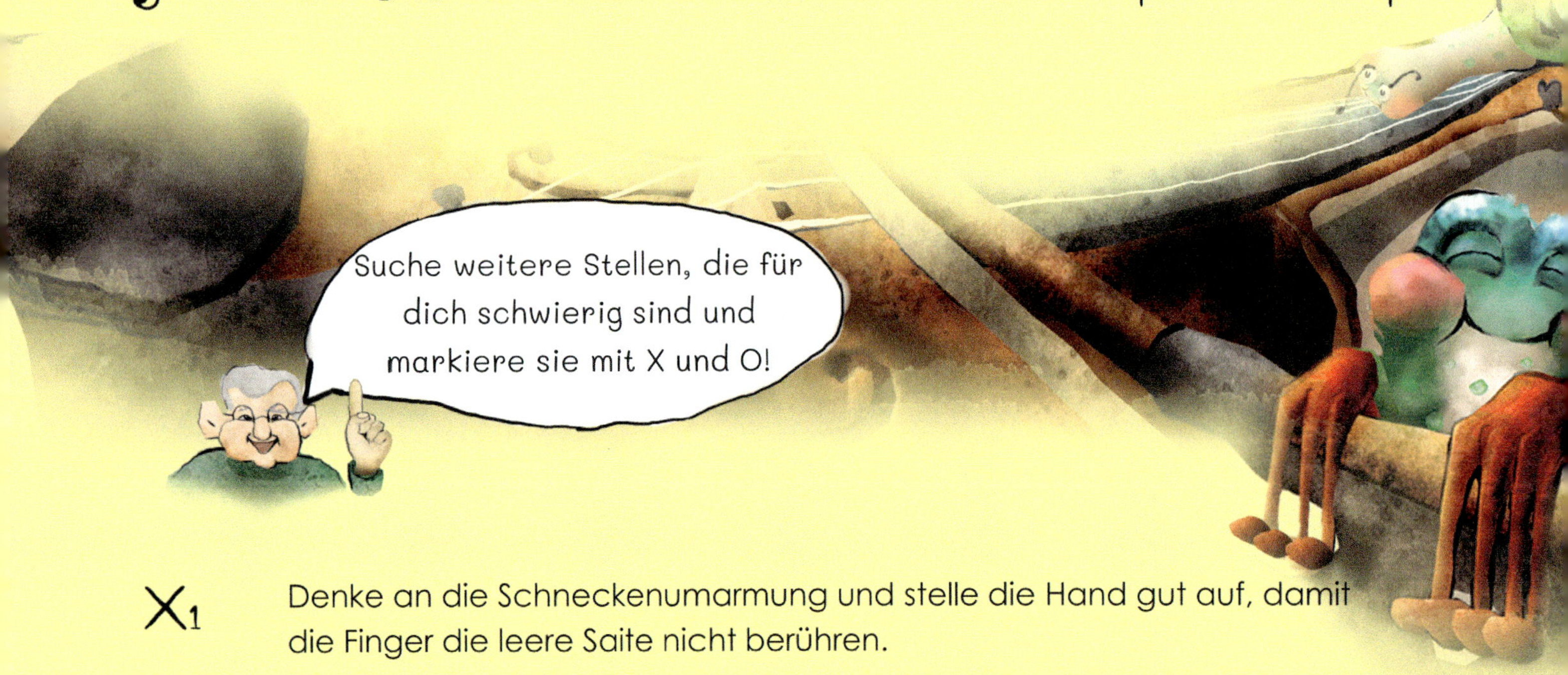

X_1 Denke an die Schneckenumarmung und stelle die Hand gut auf, damit die Finger die leere Saite nicht berühren.

X_2 Denke an die Froschwippe beim Wechsel von Doppelklängen zur leeren Saite.

Dein Geigengesetz

Klang, Rhythmus und Intonation

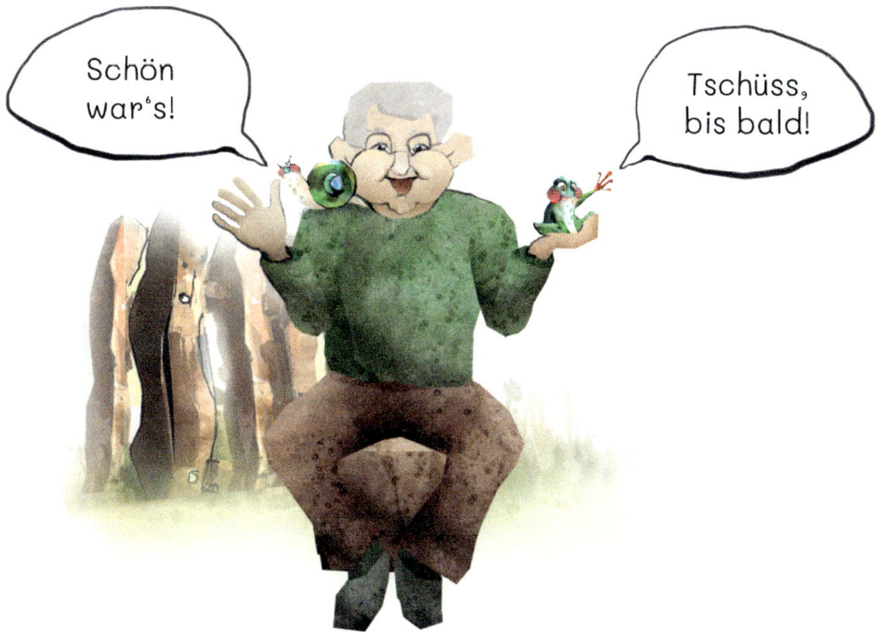

Wusstest du schon, dass ich für die großen Leute dicke Bücher geschrieben habe?
Sie heißen: „Urstudien“ und „Die Kunst des Violinspiels“.
Daraus möchte ich dir noch ein Geigengesetz mit auf den Weg geben, das immer gilt und beim Üben wichtig ist.

Dein Geigengesetz

Musik besteht aus...

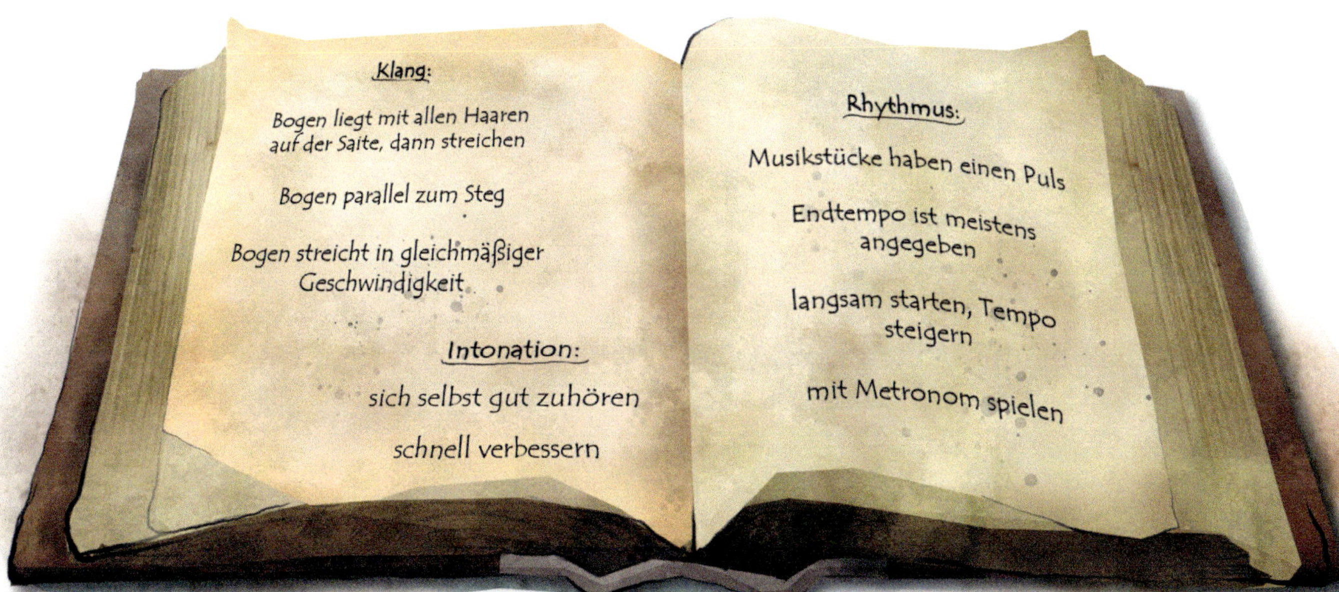

Das üben wir gemeinsam im nächsten Band.
Wir freuen uns auf dich!

Die Autorinnen

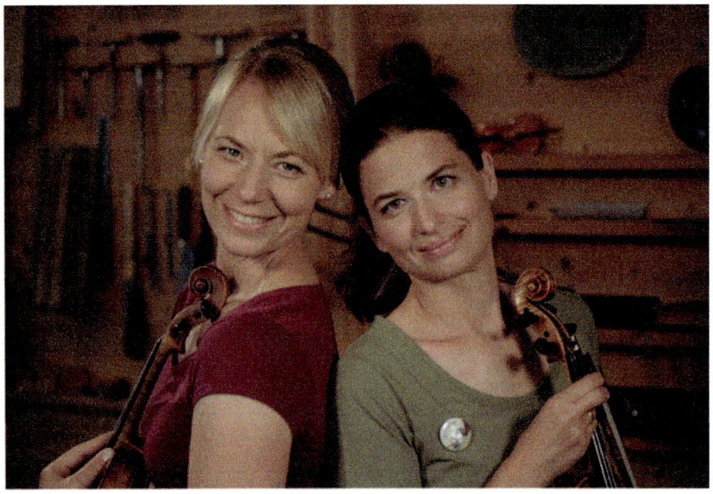

www.schneckeundfrosch.de

Kirsten Werner

studierte schon mit 14 Jahren als Jungstudentin Geige an der Hochschule für Musik in Detmold und schloss dort ein künstlerisches, sowie musikpädagogisches Studium bei Prof. Eckhard Fischer an. Schon während des Studiums unterrichtete sie Geigenschüler sowohl privat als auch an verschiedenen Musikschulen und widmete sich anschließend dem Lehramtsstudium für die Grundschule. Kirsten arbeitet als Lehrerin für Musik und Deutsch und steht immer wieder selbst als Geigerin auf der Bühne.
Sie lebt mit ihrem Mann und zwei Kindern in Detmold und musiziert am liebsten mit der eigenen Familien-Band.

Caroline Jutzi

studierte Violine im künstlerischen Hauptfach an der Hochschule für Musik in Detmold bei Prof. Thomas Christian sowie Wirtschaftswissenschaften an der Universität St. Gallen. Sie promovierte zum Dr. oec. HSG mit einem interdisziplinären Thema zu Mozarts Zauberflöte.
Das Unterrichten von Kindern macht Caroline seit über 15 Jahren ganz besondere Freude. Als Einzelkind aufgewachsen wünschte sich Caroline schon immer eine große Familie.
Sie lebt mit ihrem Mann, drei Kindern, Hund, Katze und fünf Kaninchen in Detmold.

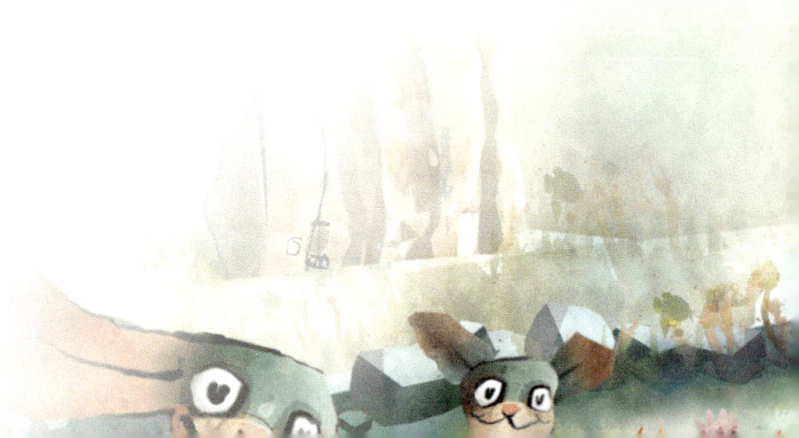

Ein herzliches Dankeschön geht an alle, die uns auf unserem Weg begleitet haben!

Für euren unermüdlichen Einsatz zu jeder Tages- und Nachtzeit danken wir euch von ganzem Herzen:

Eckhard Fischer
Piotr Furmanczyk (*www.piotr-furmanczyk.com*)
Lilianna, Emilian, Pauline, Max und Antonia - ihr seid klasse!

Mit euch wurden Schnecke und Frosch lebendig, dafür danken wir euch besonders:

Johanna Grüneberg
Sebastian Bartmann (*www.sebastianbartmann.com*)

Ein ganz großes Dankeschön gilt auch:

Wolfgang Meyer (*www.musikalienhandel.de*)
Matthias Weiken (*www.geigenbau-weiken.de*)
Vanessa Puls (*www.kratzundkratz.de*)
Sebastian Wielandt (*www.sebastianwielandt.com*)

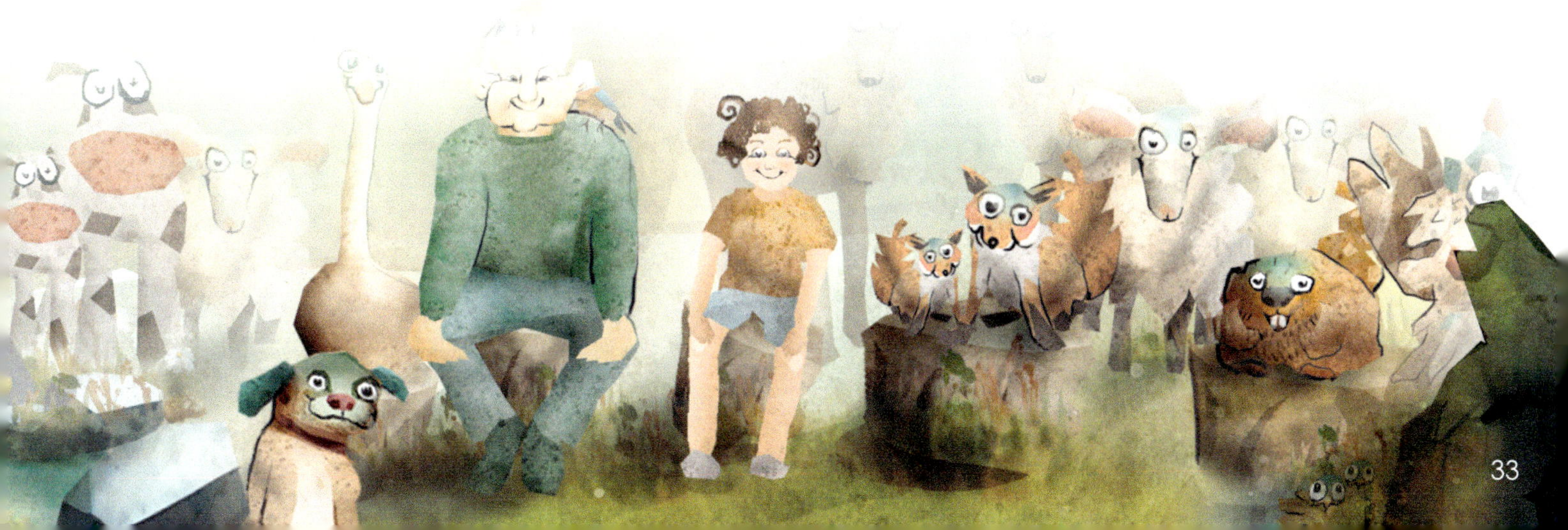

Impressum

www.rieserler.de
Lektorat: Antonia Krödel

Autoren: Caroline Jutzi, Kirsten Werner
Illustration/Grafik: Johanna Grüneberg
Tonmeister/Musikproduzent: Piotr Furmanczyk
Mitwirkende bei Video- und Audioaufnahmen:
Prof. Eckhard Fischer, Caroline Jutzi, Kirsten Werner,
Piotr Furmanczyk, Lilianna und Emilian Furmanczyk,
Pauline, Maximilian und Antonia Josephine Fischer

Druck: docupoint GmbH Magdeburg
ISBN 978-3-87676-043-8
2. Auflage